ウィーン・フィル 音と響きの秘密

中野 雄

文春新書

279

プロローグ「良い指揮者とは」

「いままで聴いたウィーン・フィルの演奏のうち、どれが最高《ベスト》でしたか」と訊かれたら、迷うことなく「一九七八年八月二六日の昼《マチネ》、ザルツブルクの祝祭小劇場で聴いたモーツァルト。ふたつのト短調です」と答えるだろう。

午前一一時に開始されたコンサートの冒頭、ステージから迸《ほとばし》り、流れ来る《交響曲ト短調K・一八三》の痛切な響きに、私は一瞬、放心状態になった。いまでも、想い出そうとすれば即座に、あの透明で哀切なト短調の弦の響きを、コンサートマスター、ライナー・キュッヒルの鋭い弓さばきともども想い起こすことができる。

指揮者は中堅のレオポルド・ハーガーであった。ザルツブルク・モーツァルテウム管弦楽団の常任指揮者を務めていて、私は彼と何枚かのLPを制作、国内で発売したことがあった。

「こんなに素晴らしい指揮者であったか」と、ハーガーの才能を見直した想いで楽屋に向かう途中、通路で第二ヴァイオリンの首席奏者ヴィルヘルム・ヒューブナーに出会った。楽団長も務めた〝ウィーン・フィルの主《ぬし》〟とも言える人物で、室内楽の録音を共にした旧知の仲でもある。

挨拶もそこそこに、立ち話でハーガーの指揮振りを褒めたら、彼は破顔一笑、「褒めるならキュッヒルとウチのオーケストラを褒めて下さいよ。今日は完全にわれわれのペースでやれた音楽会だった。君の身内《ファミリー》のハーガーは賢い男で、自分の分際《ぶんざい》を心得ているから、指揮棒を持ってはいたが、なにもしなかった。はじめから終わりまでオーケストラまかせ――ということ。コンサートマスターの若いキュッヒル（当時三〇歳前後）が頑張って、われわれが彼と一緒に自分達の音楽造りをやった。それに君が感激したってわけです」と、内幕話を交えながら解説されてしまった。唖然たる想いの私は、その日、ハーガーのいるマエストロ・ルームに、とうとう顔が出せなかった。

その夏から二〇年あまり過ぎたある日、ライナー・キュッヒルへの弦楽専門誌インタビューの席上、「オーケストラにとって、〝良い指揮者〟とはどういう指揮者を言うんでしょうか」と質問したとき、間髪を入れず、「私達の音楽を邪魔しない指揮者のことを言います」という答えが返って来た。

じっと私を見つめる眼つきが鋭くて、反問も、それ以上の説明も求めることができなかった。

こんな想い出と出来事が、私をウィーン・フィルについて一歩踏み込ませるきっかけとなった。

国立歌劇場座付きのオーケストラであるが、ステージで披露する交響・管弦楽の響きは最高。

特にウィーン古典派の演奏については比肩する相手がいない。

楽団運営は自主制で、自前の年金制度まで持つ。オーナーはオーケストラ自身。常任指揮者は一九三三年以降不在である。責任者である楽団長は選挙で選ぶ。コンサートのプログラムは自主決定。指揮者も、独奏者、歌手も自分達で選び、招聘する。

報酬《ギャラ》は安いらしいが、彼等との協演実績がその音楽家の地位《ステイタス》を至上の位置まで高めるから、自薦・他薦の書類《リスト》は山を成して楽団事務所に積まれている。ウィーン楽友協会大ホールで催される定期演奏会の入場券《チケット》は、現地でも入手不可能。国外公演のチケットも常に完売と聞く。オーケストラのメンバーを構成員とする室内楽演奏団体は、いったいいくつあるのか。しかも、その多くが一流の評価を得ている。

「ウィーン・フィルハーモニー管弦楽団は、まさに空前にして絶後のオーケストラだ」と、彼等が歩み来たった軌跡を追うにつれ、私は確信するようになった。

楽員との交友を通じて知り得たその軌跡の一部を、この楽団と歩みを共にした指揮者との挿話《エピソード》などを交えて、しばらく語ってみよう。

ウィーン・フィル　音と響きの秘密　目次

第1章　書かれた楽譜の裏にあるもの

《第九》は何を語るか

「君はウィーン・フィルの古参楽員に知り合いが多いんだってね。何故？」

「それほど多くはないですよ。昔、コンサートマスターやパートの首席奏者の方々とレコード録音をしたことが何回かありました。そのなかで幸い、あちらの賞をいただいたものが出たりしたものですから、以来、何人かの方とはお付き合いが続いているんです」

たしか一九八〇年代の終わり頃だったと思う。恩師の丸山眞男と、こんな会話を交わしたことがあった。

いまさら説明するまでもないが、丸山眞男は戦後日本最高の知的リーダーの一人として、東大教授の職を退いたあとも、その謦咳《けいがい》に接しようと、一九九六年の夏に世を去るまで自宅は門前市を成していた人である。知る人は少なかったが、専門の日本政治思想史研究に匹敵するほどの精力《エネルギー》をクラシック音楽の探究に費やしていて、生前、親しくしていた音楽ジャーナリストの梅津時比古に、「もしぼくが音楽の道に進んでいたら、思想史などというつまらないものはやらなかった」と、まことに穏当ならざる告白までしていた（拙著『丸山眞男　音楽の対話』文春新書）。

丸山が精魂を傾けて研究していたのは作曲家ベートーヴェンの交響曲とワーグナーの楽劇、ドイツの指揮者ヴィルヘルム・フルトヴェングラーの事績である。

冒頭の会話が交わされたのは吉祥寺自宅の応接室、そのとき彼の手にはフルトヴェングラーの振ったベートーヴェン《第九交響曲》二枚組のＬＰレコードがあった。一九五一年七月二九日、戦後初のバイロイト・ワーグナー祝祭《フェスティヴァル》開幕記念演奏を収録したライヴ録音盤である。

「《第九》の始まり、第一楽章最初の一六小節ですがね。第二ヴァイオリンがニ短調の属和音の空虚五度を、六連音符で顫音《トレモロ》みたいにピアニッシモで弾くでしょう。トスカニーニの《第九》を聴くと、この六連音符がキチッと合っていて、一つ一つの音が明瞭に聴こえます。まあ、楽譜に書かれてある通り、彼らしく精密なアンサンブルで弾かせているんですね。

ところがフルトヴェングラーの盤では、第二ヴァイオリンが揃っていないように聴こえる。一二人か一四人か知らないけれど、アンサンブルがズレて聴こえるんです。彼の《第九》では、このバイロイト盤がいちばん音が良いから判りやすいんですが、ほかの演奏を注意して聴いてみても同じなんですね。

彼の指揮棒の動きは極めて独得で、出だし《アインザッツ》の合図がとても判りにくかったそうですから、棒のせいでああなってしまっているのか、それともフルトヴェングラーがはっきりとした意図をもってあのような指示を出していたのか――真相をどうしても知りたいんです。

ぼくとしては、意図的《インテンショナル》だと思いたいんですが」

ベートーヴェンの《交響曲第九番》、通称《第九》の調性はニ短調である。だから属和音は、〈A《アー》・Cis《ツイス》・E《エー》〉の三音。この三つの音が同時に鳴れば、聴き手は作曲者が表現しようとした曲想の基本《ベース》を、使われた調性を通じて感覚的に理解し、次に現われる楽想に対して無意識のうちに受容の精神的姿勢を整える。

ところが、ベートーヴェンのこの曲のように、冒頭から導音のCisが抜けた〈A・E〉だけが奏されると、響きは落ち着き場所を失なって虚《うつ》ろな印象を聴く者に与える。いわば中抜けの形で鳴らされる和音が「空虚五度」と称されるのはそれ故で、聴き手の心に生ずる反応は不安感、ときには未知なるものに対する期待感である。

ベートーヴェンが生涯の最後に書いた交響曲で、何を表現し、何を訴えようとしていたのか。全体の曲想把握につながる冒頭一六小節の意味するものを、丸山眞男は二〇世紀の二大巨匠、フ

ベートーヴェン《交響曲第9番》第1楽章の冒頭。自筆譜では、16分音符の上に書き入れてある3　3が6になっている

ルトヴェングラーとトスカニーニの遺した録音から摑み取ろうとしていた。

「ウィーン・フィルハーモニーの古い楽員で、フルトヴェングラーと《第九》を演奏したことのある人がいたら、訊いてみてくれませんかね。『第二ヴァイオリンの六連音符が微妙にズレて聴こえるのは彼の意図か』って。チェロも同じ音符を弾いている筈だけど、低い音だし、録音では違いが判らないね」

音符から思想や哲学を読み取る

「それはフルトヴェングラーの指示ですよ」

一九九一年の秋、ウィーン国立歌劇場の裏手に面したホテル・ザッハーのダイニング・ルームで、ヴィルヘルム・ヒューブナーは私の問いに答えた。深夜、時計は零時をまわっている。

その晩、ヒューブナーは第二ヴァイオリンのエクストラとして出演、ホルスト・シュタインの指揮するワーグナーの《パルジファル》を弾き終わったあと、夫人を伴ってホテルに現われた。作曲者によって〝舞台神聖祝典劇〟と銘打たれたこの長大な楽劇は、上演に（幕間の休憩を除いて）正味およそ四時間三〇分という長大な時間を必要とする。友人・知人との晩餐は、原則として歌劇や演劇がハネたあとというのがこの街の習慣だから、《パルジファル》のような大きな演目《だしもの》があった夜など、ザッハーのレストランは夜遅くまで賑わう。

ヒューブナーの年齢は八〇歳に近かった。そんな歳で、大曲に取り組んだ直後にもかかわらず、彼は疲れた表情も見せずに出された料理を平らげ、ワインを片手にわれわれ異邦人と歓談した。

――ヒューブナーさんはウィーン・フィルの楽団長《プレジデント》だったわけでしょう。そんな偉い人にうしろで弾かれると、社長《プレジデント》の前に坐らされて仕事をしている新入社員みたいな気分で、背中がガチガチになるって若い第二ヴァイオリンの人がこぼしてましたよ。もう前方の席では弾かないんですか。

「私は〝臨時雇い《エクストラ》〟だからね。小さくなって、第二ヴァイオリンの末席に坐っている（笑）。一列目で弾くなんて、もうそんな柄《がら》じゃないだろう。若い奴の背中の筋肉がどうなろうと、それは私の責任じゃないよ（爆笑）」

そんな冗談めいた会話を交わしたあと、私は丸山眞男に依頼された疑問をぶつけてみた。

即座に返って来たのが、「フルトヴェングラーの解釈であり、指示である」という答えであった。

「『音楽の中にある最上のものは、音符の中からは見つからないよ』と、マーラーは言ってたそうですよ。彼の弟子だったブルーノ・ワルターからのまた聞きだけどね。ワルターは、よくこの言葉を口にしていたから、戦前の彼を知っている団員はもちろんのこと、戦後、彼が帰って来たときに付き合った私の古い仲間は、皆この言葉を知っている筈です。

ウィーン・フィルの楽団長だったヴィルヘルム・ヒューブナー

　マーラーはベートーヴェンの交響曲《シンフォニー》に手を加えて、自分流の管弦楽法で〝マーラー版〟なんてエディションを作った人だから、この言葉も、作曲家の書いた楽譜を金科玉条のように守らなくていい、みたいに誤解される危険性があるんだけど、そうじゃない。マーラーは、作曲家の書いた音楽の本質的なものを、実際に音として表現するのは演奏家の〝解釈〟なんだということを言いたかったんです。音符はただの記号だけど、しっかりと対峙すれば、その中から思想や哲学を読み取ることが出来る。フルトヴェングラーはそのことを、『書かれた楽譜の裏にあるもの』って言い方をしていましたが」

楽譜には忠実でも、音楽的には誤り

ヒューブナーは、曲＝楽譜そして解釈という演奏芸術の本質論から説明をはじめた。

――すると、《第九》の第一楽章の頭の六連音符を整然とは弾かないというフルトヴェングラーの演奏指示の根拠は、どういうことなのですか。

「彼は《第九交響曲》という音楽を、聖書の創世記から人類の未来に至る、人間世界の理想像形成のドラマと解釈していたと思います。『苦悩を通じて歓喜へ』という、ベートーヴェン壮年期の作品に共通した典型的な想念から一段昇華したものを表現したいと考えていたんです。

例えば、第一楽章の冒頭は渾沌《カオス》なんです。宇宙塵。茫漠とした宇宙の霧。焦点も、具体的な形象も存在しない、個体形成以前の宇宙空間の表現なのです。だから調性が曖昧《あいまい》に書かれています。私たち第二ヴァイオリンが弾く空虚五度に導音のCisが入ったら、調性がはっきりして、曲のイメージがまったく変わってしまう。

六連音符を連ねるという書法も、同じ考え方だと思います。〝不安定〟の表現なんじゃないでしょうか。ベートーヴェン自身は、曲想について具体的な説明はなにもしていないけれど、曲の冒頭をこう考えると、第四楽章までの構成が非常に判りやすい」

――フルトヴェングラーは、リハーサルのときに、曲の解釈とか、奏法とかの指示を具体的にしたのでしょうか。

「調性を曖昧にして不安感とか不安定な感情を表現するという手法は、ベートーヴェンが《「レオノーレ」序曲第三番》冒頭の序奏部分でも使った、いわばお馴染みの手法ですね。だから、彼が私たちの前に立って指揮棒《タクト》を動かせば、何も言われなくたってオーケストラはそのように反応します。私たちのオーケストラだったら、フルトヴェングラーが棒をかまえた瞬間に彼の演奏意図を理解できたんじゃないかな」

――トスカニーニとかショルティなどは、『楽譜にそう書かれているから』ということからなのか、キチンと空虚五度の六連音符で弾かせてますよね。

「譜面のA《アー》とE《エー》がタテ一列に印刷されているからといって、それを正確に合わせて弾かなければならないなんて、誰が言いだしたことだろうね。日本とかアメリカの音楽家で、そういう機械的《メカニック》な正確さを追うことが音楽なんだみたいな教育を受けて来た人が多いような気がするけれど。

解りやすい例を挙げれば、ヨハン・シュトラウスの作ったワルツのリズムなんだけど、われわれの演奏では二拍目が微妙に長くなります。それがウィンナー・ワルツの特色なんだし、君たちもそれを体験したくてニューイヤー・コンサートに来るわけでしょう。楽譜には四分音符が三個並んでいるだけです。でも、あれを楽譜に忠実に弾いたら、ウィンナー・ワルツにはならない。ヨハン・シュトラウスの音楽にはなりません。楽譜には忠実だけど、音楽的には誤りです。

トスカニーニが六連音符をキチンと揃えて弾かせているって君は言うけれど（私は彼の録音を聴いたことがないから、断言はできないんですが）、彼はそのことを信念に基づいてやっていたんだと思う。印刷されているからって、その通りに機械的に弾かせるような人では、彼はない筈です。私は彼の指揮棒を経験していないけど、先輩たちの中にはトスカニーニ体験を大切にしている人が何人かいて、讃辞は耳にタコができるくらい聞かされましたからね。

　彼のベートーヴェンがウィーンやザルツブルクで受け容れられたかどうかは別問題として、少なくとも彼は、彼の解釈に基づいて、楽譜を、書いてある通りに弾くようにオーケストラに要求しているんだと思います。漠然と、楽譜通りに弾かせている凡百の指揮者とは違いますよ。

　帰ったら丸山教授《プロフェッサー・マルヤマ》に伝えて下さい。『あれはフルトヴェングラーの指示です』と。そして付け加えて下さい。『フルトヴェングラーの〝解釈〟が素晴らしいのと同じくらい（残念なことに、私は聴いてないんですが）トスカニーニの解釈も素晴らしかったと思う』とね」

オーケストラの秘密を解く鍵

「有難う。非常に明快な回答だな。ぼくもすごく勉強になった。

　でもヒューブナーって人、楽団長まで務めただけあって、たいへんな見識ですね。とにかく、ぼくの専門分野の社会科学、君がいま携わっている芸術の分野、これらの分野に〝正解〟という言葉はないですからね。ただし、明らかな〝誤り〟はある。ヒューブナーはワルツの三拍子のこととか、空虚五度の六連音符を、何も考えないで成り行きで振ってしまうことが〝誤り〟だということを指摘しているんですね。さすがだな。

それにつけても、いったい指揮者って何をやる人なんですかね。オーケストラと指揮者の関係って、何なんだろう」

帰国早々、都下・吉祥寺東町の自宅を訪れて、顚末を報告した私に、丸山眞男は謝辞を述べたあと、改めてオーケストラ対指揮者論をテーマに問いかけてきた。七〇代も後半に足を踏み入れていたが、この稀代の碩学《せきがく》の旺盛な好奇心は少しの衰えも見せていなかった。

この日の会話を契機に、私はもっぱら彼に報告するために、オーケストラの歴史と指揮者の歴史を調べ始めたのである。

クラシック音楽の研究にも精魂傾けた丸山眞男
(1985年11月23日　千葉浩志氏撮影)

ウィーン・フィルという特別のオーケストラを語るためには、その指揮台に立った指揮者との関わりを省くわけにはいかない。否、むしろその関わりにこそ、このオーケストラの秘密を解く鍵が隠されているのかもしれない。

ここでしばらく、指揮者という現在最も脚光を浴びている〝音楽家〟について考えてみよう。

弾き振りの時代

合奏《アンサンブル》にはリーダーが必要である。

例えば、楽曲の演奏に当たって、最も大切な要素のひとつに〝テンポ設定〟の問題がある。曲をどのくらいの速度で演奏すれば、作曲家の意図に忠実——つまり作曲家がその音符に託した楽想を正しく聴き手に伝えられるか。できることなら楽団員全員が納得できるテンポ設定が不可欠である。

楽曲演奏の要素としては、そのほかに音量＝強弱の程度、楽器相互のバランス、音色など、考えようによっては無限と言うに近いさまざまな問題が存在する。

一九世紀の初頭まで、音楽が王侯・貴族の知的娯楽ないしは食卓や社交場の雰囲気形成のためのB・G・M《バック・グラウンド・ミュージック》に留まっていた時代には、作曲家も演奏家も宮廷のお抱えであって、音楽が演奏される場には、必ずと言っていいほど作曲家が同席していた。もちろん客席にではなく、多くの場合、演奏者のひとりとして楽団の中に席を持っていたのである。

バッハ、モーツァルト、ベートーヴェンなど、彼等は自分自身が楽器演奏の名人だったから、演奏に当たっては自らがテンポを指示し、リーダーとして振る舞っていたであろうことは想像に難くない。

例えば、一七二〇年代のケーテン侯の宮廷コンサートでは、バッハはおそらくチェンバロに向かって、ペースを決める中心人物《キーマン》である通奏低音奏者として、楽団のリーダー役を務めていた筈である。モーツァルトやベートーヴェンは、自作の協奏曲演奏ではいわゆる弾き振り――ピアノを弾きながらオーケストラの指揮をするというスタイルであったし、交響曲や歌劇の演奏会では自ら指揮台に立ったり、第一ヴァイオリンの首席、つまりコンサートマスターの役割を受け持ったりしていた。

ヴィヴァルディ、バッハなどが活躍していた一七〇〇年代中頃までのバロック時代、ベートーヴェンがまだ三〇代の若さだった一八〇〇年代の初頭まで、オーケストラの規模《スケール》は祝典など特別の場合を除き、多くて四〇名、通常は三〇名以下であった。昨今の室内合奏団、室内管弦楽団の規模である。コンサートの行なわれる会場の座席数も数十名から四〇〇～五〇〇名程度までであるから、音量はこの程度で充分だった。

しかも、ハイドン、モーツァルト時代までの音楽はオーケストレーションが簡素にして明快。したがって響きも透明であった。だから楽員達はお互いに音を聴き合うことができるから、名目上のリーダーが仮りにいなくても、自らの技量と音楽的感性によって、問題なくアンサンブルをこなすことができたのである。

杖で床を叩いて指揮

更に付け加えるなら、この時代、音楽愛好家であり芸術家の援助者《スポンサー》である貴族階級・知識層の関心は、もっぱらお抱え音楽家達の〝新作〟にあり、演奏そのものについての関心は比較的薄かった（演奏技術はしばしば即興的作曲能力と対《つい》になって評価され、公開の席上において複数の奏者が出題された主題に基づいて即興で華麗な変奏曲を披露するといった、音楽御前試合に類する催しがしばしば行なわれていた）。音楽学者の文献を読むと、演奏者＝いわゆる楽士の側も、書かれている音符を間違えないように〝音〟にすればそれでよしという程度の仕事振りだったようだから、昨今のように楽曲の解釈を云々するようなレヴェルからは遠かったのではなかろうか。

作曲家にしても、モーツァルトやベートーヴェンなどの伝記を読むと、演奏会当日までに作曲が間に合わなくて、アンサンブル相手のヴァイオリニストはほとんど初見、ピアノを担当する作曲家の前に置かれたパート譜には、心覚え程度の音符が要所要所何個か書き込まれていただけ、というような記述がしょっちゅう出てくる（モーツァルトの《ヴァイオリン・ソナタ第四〇番K・454》やベートーヴェンの《クロイツェル・ソナタ》の初演時はその典型）。

しかし、こうした新作発表会などはまだましな方で、当時慣例となっていた社交パーティ会場ないしはそれに類したコンサート会場における演奏は、聴き手の紳士・淑女連の談笑や飲食、喫煙の席を前にして行なわれていたから、そもそも演奏する側の合奏能力や解釈力・表現力などは、厳密な評価の対象たりえなかった。多くの場合、作曲家が担当するリーダーの役割も、曲の出だしを合図し、出来うる限り合奏に乱れを生じさせないように弓の動き《ボウイング》や身振りで指示を与える程度だったらしい。

文献で、フランスのブルボン王朝に仕え（王室音楽総監督）、勢威並ぶものなしと謳われたイタリア人、ジャン＝バティスト・リュリ（一六三二―八七）が手兵の王室管弦楽団の訓練に心を砕き、アンサンブルの質の向上に努めた音楽史上最初の人物のひとりという記述を読んだときは、「なるほど」と一つ利口になった気がしたが、彼の指揮法が長い杖で床を強打するやり方であるとの説明を発見するに及び、「実話であろうか」と、わが眼を疑った。

まあ前述のように、奏楽行為自体が、昨今よく見られるようなホテルのパーティ会場における傭われミュージシャンの立場を想わせるレヴェルだったから、杖の先端で床を叩いても、来客の顰蹙《ひんしゅく》をかうなどという惧れはなかったのであろう。ちなみに、この才能豊かな音楽家が五〇代という若さで世を去った理由は、演奏中に誤って指揮杖を足の甲に突き刺し、傷口から黴菌が入ったためとされている。音楽史上初の、指揮者らしい指揮者の最期にふさわしい挿話《エピソード》であるが、真偽のほどは保証しかねる。

理想と意志の音楽

一七八九年に起こったフランス革命と、それに象徴される王制・貴族による支配体制の崩壊は、芸術家の生活を直撃した。

いま私達が楽しんでいるクラシック音楽の世界について言えば、黎明期である一六世紀末（初期バロック音楽の擡頭）以来今日まで、作曲家や演奏家が聴き手の支払う入場料のみによって生計を立てていたという実例《ケース》は極めて少ない。一九世紀ロマン派の最盛期、ヴァイオリンの魔神パガニーニやピアノの王者リストは、現在の貨幣価値に換算して億単位の収入があったと思われるが、これはあくまでも例外中の例外。バッハの時代には教会が、ハイドン、モーツァルトの時代には貴族階級が（お抱え音楽家という雇傭形態を通じて）、彼等の支援者《サポーター》であった。

この階層が力を失なうのと入れ替わりに、新たに聴衆として登場してきたのが新興の市民階級である。生涯労働に手を汚すことなく、優雅な生活と社交、知的娯楽に専念していた貴族階級向けの音楽は、形態と内容《コンセプト》の変貌を迫られることとなる。努力し、額に汗して自らの人生を切り拓き、構築する〝人間〟のための作品が求められるようになったのである。

ベートーヴェンの音楽が誕生したのは、まさに時代の要請であった。

思想を持ち、器楽によって人間の「理想と意志を表現した」（丸山眞男）この人の音楽においては、美しい旋律線《メロディー・ライン》の交叉や、透明な和音の伴奏を背景に快い歌を奏でるといったそれまでの音楽から一転して、音の塊《かたま》りである和声の進行とその変容が、作曲者の〝想い〟を表現する主要な作曲手法として登場する。

流麗な旋律の産物である主題《テーマ》に代わって、短くて強烈な動機《モティーフ》（第五交響曲の冒頭が典型的な例・三五頁の譜例参照）が曲想を支配し、千変万化する転調＝和声の変貌と対《つい》を成して、音と響きによって人生を語り、遂には人間存在そのものにまで想いを致す。

曲中でしばしばテンポが変化し、音量《ダイナミクス》の幅も格段に拡がった。曲を完全に演奏しようとしたら、楽員同士が互いに音を聴き合い、暗黙の同意の上に楽想を礎《きず》き上げてゆくなどという従来の手法は通用しなくなる。必要となったのは、楽団員の思想を統一し、指示を与えるリーダー、曲の〝解釈者〟と楽団の統率者であった。

ベートーヴェンは、自身、作曲家として指揮にこだわった。自らが創始した新しい音楽の世界は、自らの指示によってこそ十全の表現が可能になる。宿痾である耳疾が亢進し、聴力が著しく減退した晩年に至っても彼は指揮台に立ちたがった。

耳が聴こえないうえに、常軌を逸した性格の持ち主でもあった彼の指揮振りは、楽員を甚だしく困惑させたらしい。

「ピアニッシモのときは膝を曲げ、腰を屈《かが》めて小さくなり、フォルテになるや両手を上空に突き出す。指揮台の上で飛び上がったりすることも稀ではなかった」というような往時のコンサート見聞録は、枚挙に遑《いとま》がない。オーケストラの首脳部は鳩首協議の上、「コンサートマスターが弓と身振り《ゼスチュア》で全軍の指揮をとるので、それに従うこと。指揮者であるベートーヴェンの方は、絶対に見ないこと」という申し合わせを行なうに至ったという。

指揮者とは作曲家

一九世紀のオーケストラ・コンサート史を渉猟していると、この世紀の半ば頃まで、主要なコンサート活動を行なっている指揮者が、ことごとく高名な作曲家であることに驚く。例えばシュポア（ヴァイオリンの名手・一七八四―一八五九）、ベルリオーズ（一八〇三―六九）、メンデルスゾーン（一八〇九―四七）、シューマン（一八一〇―五六）、ワーグナー（一八一三―八三）等々。

　こうした作曲家は、さながら自作を自分の得意な楽器で奏でるような気持ちで、オーケストラの指揮を行なっていたのである。ただしこの時代、オーケストラの技倆そのものはひどいもので、ベルリオーズの著作には、「弦楽器の奏者たちは、アダージョ四分の四拍子の曲のトレモロで、一小節に六四箇の音符を弾かなくてはならないときでも、労を惜しんで三二箇か一六箇しか弾かない」といった歎きが書き連ねてある（傍点筆者）。

　しかし、聴き手の主体が富裕な市民階級《ブルジョアジー》に移り、聴衆の数が増え、ホールのサイズも数も増えて演奏会の頻度が増してくると、コンサートのプログラムには演奏者の自作だけでなく、他人の作品も入ってきた。

　増加するコンサートの需要に新曲の制作が間に合わなくなったのか、新作の品定めに知的な満足感を得ていた貴族階級が没落して、馴染みの曲を安心して聴いたり、演奏者の妙技だけに興味を示したりという新興の上・中流の階層が聴衆の主流を占めるようになったためか――おそらくはその両方が潜在的な理由になったのであろう、一九世紀も半ばになると、ウィーンで催される音楽会の自作・他作の比率は半々というに近い水準になる。

昔、名曲を書いた作曲家がいたのでは？

そうした過去の名作発掘のきっかけとなったのが、一八二九年、二〇歳のメンデルスゾーンによるバッハの《マタイ受難曲》の蘇演――初演以来一〇〇年目の復活上演――であるという見方が多くの文献を賑わせている。

名前だけは知られているが、一部の専門家・研究者以外、実際に音を聴いたことがないバッハの音楽、しかもその最大・至高の名作を初めて耳にした音楽愛好家や心ある音楽家が、「バッハには、他にも名作があるのではあるまいか」とか、「バッハ以外にも、名曲を書いた作曲家がいたのではないか」と考えはじめたとしても不思議ではない。

バッハの《マタイ受難曲》を復活上演したメンデルスゾーン

とにかく録音などという技術は想像すらできなかった時代である。世の関心が現今の作曲家の新作に向いているなかで、八〇年近く前に世を去った音楽家の作品を、「はるか昔、こんな名曲を書いた人がいたよ」と紹介したわけだから、衝撃は大きかった。

本人の作品を本人が振る、同時代の作品を同時代の他人が振るというコンサートの内容が、「昔の人の作品を今の人が振る」という現在みられるような形に変わってゆく過渡期が一九世紀である。曲を作る人とそれを演奏する人の時代感覚、生活空間、美的感覚——すべてが異質。演奏者が作曲家と時間と空間を共有するという、以心伝心の時代は終わりを告げようとしていた。

それでも、演奏対象が自国や同民族の作品であれば、連続した時間と空間の中から曲想の把握はある程度可能であろうが、異民族・異国の作品だったら、演奏家は作曲家がその作品にこめた楽想を、いかに脳中にイメージできるか。頼りは音楽の共通言語である楽譜＝音符の集団である譜面しかないのだから、真剣に取り組めば取り組むほど困惑の度は深まるばかりであったろう。

悩みもせず、考えもせずに楽器を鳴らしても、一応〝音〟は出る。しかしその音が作曲者が心の中でイメージしたように響いているか否かの保証はまったくない。

例えば、素人《アマチュア》でも教師に就き（器用な人は独学でも）、ある程度楽器の奏法を修得すれば、音の高さと長さ、それに強弱の表現ぐらいは日ならずして出来るようにはなるが、それはあくまで趣味＝自己満足のための演奏行為であって、ここで話題とされているような職業《プロフェッショナル》的な音楽家の演奏とは次元が異なる。

プロフェッショナルな演奏とは、その音楽に触れるために人生の一部である特定の時間を割《さ》かせ、その場所まで足を運ばせ、対価を要求する行為である。代償は感動体験である。

聴く者を感動させ、心を震えさせるために、目の前の楽譜＝単なる記号に過ぎない音符の集積からどのような音＝現実の音楽を想起《イメージ》するか。その精神的な試みを、私達は〝解釈〟と呼ぶ。

更に解釈が現実に音となり、音楽となって私達聴く者の耳に届くためには、楽器または声による表現が必要である。職業音楽家には、楽譜を通して得られた曲のイメージを（書かれた音符を、ではない！）、正確に音に再現する技術＝演奏技術《テクニック》が求められる。

そして、そのような音楽家が複数、特にオーケストラのように数十名、ときに一〇〇人を超える人数になった場合には、曲の解釈を統一し、表現を統一させるためのリーダー、即ち、それぞれが個性豊かな職業的音楽家集団の演奏行為に対する意志をまとめるための代表者が必要とされるのは自明の理である。

先人の遺産を演奏するという音楽会が日常性を持ちはじめた一九世紀前半から中葉にかけて、その時代の作曲家が兼業として、自作自演も兼ねて古典の棒を振る——いわば半職業的な指揮者が登場した。そして過去の名作が演奏会プログラムの主流を形成しはじめた一九世紀後半からは、指揮活動に自らの音楽人生の多くを割く、現代の職業指揮者に近い活動を行なう音楽家の数が増えてきた。

第2章　フルトヴェングラーの指揮棒《タクト》

当惑と感動のあいだ

「こういう指揮者とはやりにくいですねえ。だいいち、指揮の技法自体が古い。それに指揮棒《タクト》を持った右手がブルブル震えていたりして、拍子も不明確です。オーケストラの側としては、あまり幸せじゃないですよ」

「何と有難いことだ（巨匠《マエストロ》と協演することでこんな幸福感を味わうことができて）、そのうえ報酬までいただけるとは！」

前者はフルトヴェングラーとベルリン・フィルのライヴ映像を観たあと、在京のメジャー・オーケストラの有名なコンサートマスターが洩らした感想。後者は伝説のクラリネット奏者レオポルド・ウラッハが、フルトヴェングラーを指揮台に招いてコンサートを催したあと、ステージで楽団の同僚に向かって囁いた感動の一語である。

ちなみにウラッハは、一五〇年を超えるウィーン・フィル史上、一、二を争う著名な奏者《プレイヤー》で（単にクラリネットのセクションにおいてだけではない！）、遺された録音はレコード界不滅の金字塔と称えられる名盤である。この言葉は、地元では良く知られていて、他の書物に引用されたこともあるから、ご存知の方もあると思う。

片や映像でフルトヴェングラーの指揮振りを、おそらくは初めて観た日本人のヴァイオリニスト、片や実際に（一九二八年のウィーン・フィル入団の年から、巨匠が世を去る五四年の初冬まで）、それこそ日常的と言ってもいいくらい付き合いの深かったクラリネット奏者の談話であるから、同じ基準で受け取り、判断を下すわけにはいかない。

しかしこの発言は、双方とも、〝伝達の芸術家〟と言われるオーケストラ指揮者の本質を、巧まずして言い当てているように思われる。

フルトヴェングラーの音楽を愛する人、彼のオーケストラ指揮に関心のある方なら、どなたでもその指揮姿が極めて特異だったことをご存知であろう。断片的ではあるが、いくつか映像も遺されているから、ＬＤやＤＶＤで片鱗を窺うことも可能である。

特徴は、オーケストラを統率するうえで最も大切なことのひとつ――拍子をとる右手の動きが甚だ不鮮明で、アンサンブルが合わせにくい。冒頭に紹介したコンマス某氏の言い分はまことにごもっとも。有名なブラームス《交響曲第四番》第四楽章の終結部分のリハーサル風景などを、われわれその道の素人が見たら、指揮棒が音楽のリズムに関係なく激しく震動しているだけだから、「あれでよく合うもんだ!」と、天下のベルリン・フィルの合奏能力にただただ恐れ入るばかりである。

震える指揮棒

この巨匠の指揮法に関する挿話《エピソード》を紹介しはじめたら、この本の半分ぐらい、たちまち埋まってしまいそうだから、本論に関係ある実話をひとつだけ紹介したい。

語り手はルドルフ・シュトレング、話題はベートーヴェンの《交響曲第五番・運命》の有名な動機《モティーフ》、その出だしについてである(譜例参照)。シュトレングはヴィオラ奏者として、稀代のアンサンブルの名手。二桁の年代にわたってウィーン・フィルのヴィオラ・セクション首席を務め、特に室内楽奏者としての名声は他を圧していた。先年、惜しまれつつ他界。

「あの冒頭部分の出だし《アインザッツ》は、誰でも苦労するんだ。『合わせるのが難しいのか?』って。いやいや、正式な指揮法を身につけている近代の指揮者と一流オーケストラだったら、キチンと頭を揃えることくらい、何でもないことです」

定年後も室内楽を楽しんでいた彼を誘い出して、ホテルのラウンジでコーヒー片手の気楽な想い出話である。だが、このくらいの音楽家になると、回想の一語一語に凄味がある。

「キチンと振って、われわれが棒に従って出れば、〝音〟は合いますよ。でも、われわれにとって大切なのは、音ではなくて気持ちを合わせることでしょう。オーケストラ全員の気持ちが一つにまとまって、それが音として表現されるのでなかったら、立派な音楽にはなりません。音符一つ一つの響きが意味をもつことによって、楽譜が現実の音楽に変わるわけです。フルトヴェングラーは、そこが凄かったな。最近は、アンサンブルが整って、楽譜に印刷してある音符の、タテの線が合っていれば、それで満足してしまう指揮者が多くなった」

——楽団員の気持ちを合わせるって……。おっしゃる意味は解りますけど、具体的にはどう棒を振るんですか。

「あの冒頭の、三つ並んだ八分音符を弾く前に、私達楽員に『弾きたい！』って、溢れるような演奏意

ベートーヴェン《交響曲第５番》第一楽章の冒頭（弦楽部）

欲を掻き立ててくれなくっちゃダメです。丁度、満々と水を湛えたダムの水門を開けて、一気に放水するときのような感じ」

――彼は何を、どうするんですか。

「音楽好きなら、たいがいの人が知っているよね。彼の指揮棒の先がブルブル震えながら、だんだん上にあがってゆくって話。『ここ！』っていう力点《プンクト》がないから、オーケストラはどこで、いつはじめたらいいのか解らない」

「力点がある」とか、「力点がない」とは指揮法の基本のひとつで、言葉では表現しにくいが、小澤征爾が学生時代、恩師の斎藤秀雄から総譜《スコア》を譜面台から叩き落とされたり、唾《つばき》を飛ばして面罵されながら仕込まれた〝タタキ〟と呼ばれる技術である。

拍子をとり、リズムを刻みながら、指揮棒の先端で目に見えない空間の一点を叩く仕草＝楽句《フレーズ》の開始を指示するシグナルと言ったらお解りいただけるであろうか。〝タタキ〟が明快であればあるほどオーケストラの出だし《アインザッツ》は揃いやすいが、度を越すと、音楽の流れがギクシャクして〝歌〟にならない。

音のピラミッド

――棒がブルブルと上がっていくだけで、開始の合図がなかったら、オーケストラはどうやって最初のG《ゲー》の音を出すのですか。嘘か本当か知りませんが、イタリアのオーケストラとリハーサルをしたとき、いつまでも上昇を続けるフルトヴェングラーの指揮棒を見て、彼がアガッてしまったと勘違いした管楽器奏者が、『マエストロ、落ち着いて！』とか『マエストロ、勇気を出して！』みたいな掛け声をかけたって話、どこかで読んだ記憶があります（笑）。なかなか振り降ろしてくれないから、イライラしたんでしょうね。

「それに類した笑い話なら、いくらでもあるよ。じゃあ、ぼくたちのアインザッツのノウハウを教えようか。君が何枚もレコードを作ってくれたお礼に」

シュトレングの眼が、いたずらっぽく光った。この人が加わるだけでアンサンブルの骨格が一変するほどの凄腕と高い音楽性の持ち主であるが、ユーモアのセンスもたっぷりの人物である。

「棒《タクト》の先が震えだすだろ。それが一三回と三分の一のポイントで〈ダ・ダ・ダ・ダーン〉って出るんだ」

――三分の一？

「も、ち、ろん冗談ですよ（笑）。仲間の誰かがそう言ったので、そのことが雑誌の記事になったとかいう噂もあったけど。それと、棒の付け根とかワイシャツのカフス・ボタンとかが、彼が着ている燕尾服のチョッキの、上から三番目のところに来たら、それが出だしのシグナルだなんてもっともらしい話も、もちろんウソです」

――それでは真相は？

「すごく説明がしにくいんだけど、オーケストラでは、楽器によって音が出しやすい楽器と出しにくい楽器があるでしょう。例えば、弦楽器の場合、ヴァイオリンとチェロやコントラバスが同じタイミングで弾き出せば、必ず低い音の方が遅れて出ることになります。弦の太さも、本体の大きさも違うんだから仕方がない。

アンサンブルっていうのは、そのタイミングを呼吸と耳で合わせるんですね。だから、正確に言えば、指揮者の棒が合わせるんじゃなくて、指揮者の棒を見ながら、オーケストラが自分で合わせるんです。それが常設の、一流オーケストラの演奏というものなんです。そこから生まれる響き《クラング》の色合いが、オーケストラの〝個性〟と呼ばれるものになるんです。

例えばカラヤンの時代になって、随分変わってしまったけれど、それでもベルリン・フィルなんか、低弦の出るタイミングと音量のバランスが他のオーケストラとは違う。だからあそこは音のピラミッドみたいに腰の据わった、重厚な響きを出すわけですよ。こういったドイツ古典派・ロマン派向きの響きの感覚は、第二の個性となって、楽員一人ひとりに染み付いていますからね。例えば《第五交響曲》を演奏する場合、冒頭部分でチェロやコントラバスは、ヴァイオリンやヴィオラより一瞬早いスタートを切らなければならない。『何分の一秒か？』って。そんなタイミング、時間で測れるものじゃないです」

「いまだ！」という瞬間

——でも現実の問題として、指揮するフルトヴェングラーの棒は明確な点《プンクト》を打たないで不明瞭なわけですから、合図をする人がいなければ一緒には出られないわけでしょう。コンサートマスターが身振りか弓で合図をするんですか。それとも……。

「そういうケースもあるでしょうが、われわれの場合、キーマンはチェロの首席でした。彼が弾こうと身がまえた瞬間、弦の全員が音を出す。コントラバスの首席も、片目でチェロの先頭を、もう一方の眼でフルトヴェングラーを注目しているわけです。彼はチェロよりも先に弓を動かさなければなりませんからね。だから、チェロとコントラバスのパート全員は、首席を筆頭に、『いま出るか、いま出るか』って、指揮者と睨《にら》めっこしているわけですよ。弾くことに対するエネルギーが体中に充満してくる。

　そんな時間の経過の中で、フルトヴェングラーが、『いまだ！』と閃《ひらめ》く一瞬がある。それを感知したチェロの首席とコントラバスの首席がさっと弓を動かす。それがあの有名な〈運命の動機〉のはじまりになるわけです。それ他の指揮者のときとは、音の中味が違う」

震えるようなフルトヴェングラーの指揮棒

――よく（出だしが）判るものですね。やはり永年のコンビの成せる業《わざ》ですか。

「そうですね。ウィーン・フィルではチェロが指揮者の右前方に位置していますから、首席と指揮者はアイ・コンタクトがとりやすいんです（チェロが指揮者の右横に並んでいるオーケストラも多い）。でも、やはりあの人の棒には〝経験〟が必要でした。閃きをとらえ損なったり、勘ちがいしたり、待ち切れなくなって飛び出しちゃったりということもありましたよ。そうすると音がズレて、〈ダ・ダ・ダ・ダ・ダーン〉みたいな出だしになってしまうんです（笑）。ベルリン・フィルには、伝説のコントラバス奏者レーベレヒト・ゲデッケがいて、彼がお客様には聞こえないくらい小さな唸り声を発してから弓を走らせるのが出のきっかけだったそうですよ」

フルトヴェングラーの指揮棒の先が震え出して、右腕が上昇をはじめて、最初の音が出るまで——このようにして会話体で情景を描くと、随分長い時間のことと思われるかもしれないが、もちろん何秒という時間内の話。世紀の巨匠と名人オーケストラ——その双方を主役とした数秒間の無言のドラマ。老練のヴィオラ奏者、回想の一シーンである。

オーケストラを自発的に歌わせる

メモ書きと記憶の中に仕舞いこまれていたシュトレングとの会話が、突然、驚きと格別の意味を伴って蘇って来たのは四年前のある日のことであった。

フルトヴェングラーは、音楽家の中ではワーグナーやシューマンに次ぐ〝筆まめ〟な人であっ

音楽大学ホールのロビーにあるハンス・ウールマンの抽象彫刻。ベルリン・フィルの元楽団員で、フルトヴェングラーの不可解かつ複雑極まる指揮棒の動きに悩まされた想い出を持つ面々は、この彫刻を「ベートーヴェン《第五交響曲》の出だしを振る巨匠フルトヴェングラー」と名付けた。作者による標題は不明。この写真は、ベルリン・フィル元ティンパニー奏者ヴェルナー・テーリヒェンが撮影したものである。
(音楽之友社の『フルトヴェングラーかカラヤンか』より写真転載)

た。主要論文や講演の記録は、主著『音と言葉』（"Ton und Wort" 芦津丈夫訳　白水社）にまとめられ、刊行されているが、死後間もなく、『遺稿集』"Vermächtnis" が、ドイツのブロッハウス社から上梓された。生前、フルトヴェングラーに格別の思い入れを示していた丸山眞男の書棚で原書を発見した私が、あちらこちらのページに万年筆で施された丸山の書き込みを追っているうちに（丸山は有名なメモ魔であった）、彼が心覚えの傍線《アンダー・ライン》を書き入れた、こんな意味の記述が眼に入ったのである。

（指揮者がオーケストラに対してできる合図は、角点《エックプンクト》＝即ちリズムの切点をタクトで指示することだけである。アンサンブルをまとめるため（前のページに書いたように、タテの線を揃えるため）、鋭い強拍の指示だけで指揮をする人が指揮者の九〇パーセントを占めているが、このやり方には明らかな欠点がある。鋭い強拍の指示は、運動を一点に固定化する惧《おそ》れがあり、音楽の生き生きとした流れを阻害する可能性があるからである。〝力点〟の強調によって、指揮されるオーケストラが、力点＝つまり純リズム的な合奏の正確さのみを追求する演奏になりがちなのは理の当然であって、そこからは音楽表現にとって最も大切な歌《ゲザング》＝つまり生命力を持った旋律《メロディー》は生まれて来ない。

指揮の〝技法〟とは、どうすれば合奏の正確さを保ちながらオーケストラを自発的に歌わせることができるか——そのための指揮棒の動きを追求する技術にほかならない）（大意・抄訳。以下同じ）

不明瞭な指揮から生まれた精緻なアンサンブル

丸山眞男がその記述に大いに啓発され、フルトヴェングラーの音楽造りを再確認したらしい様子は、原書一〇〇ページあたりから数ページに及ぶ部分に書き込まれた傍線・感想の短文によって推測することができた。

フルトヴェングラーの文章は、彼の不可解な――捉えどころのない不鮮明な指揮棒の動きの説明に移る。

〔オーケストラのような、一人ひとりが自らの意志を持った人間の集団《コレクティーフ》を同時に（しかも同じ気持ちをもって）、歌うように仕向けるためには、視覚的にある種の準備が必要である。だが、そこで重要なのは、一般に考えられているような、強拍を指揮棒で指示する瞬間ではなく、力点《プンクト》を打つ正確さや鋭さでもない。決定的な要素は、指揮者がこの強拍＝力点にそなえる心がまえである。

いかに強調しても強調し足りないことは、オーケストラが発する音に働きかける要素が拍打ち自体のうちにはなく、強拍を打つ動作の準備段階に宿されているということである。相手がよく訓練されたオーケストラであるなら、この準備のあり方に応じて、指揮者の意志を純粋に法則に則《のっと》った精密さをもって音に反映させることが可能である〕

〔準備の過程――指揮棒の動作としては、拍子を切り返す力点《プンクト》ではなくて、動いている拍子そのものがオーケストラの音色に最も影響を与えるものだとすれば、指揮棒の先で作られるモールス信号のような点符号の頂点をすべてなくしてしまう、拍子だけによる指揮法――つまり準備段階そのものだけを用いる指揮法というものが考えられないであろうか。

これは単なる理論のための理論ではない。私自身が、かなり前から現実に試み、実践するために努力を重ねて来た技法であることを、この際、公けにしたい。

音楽学校で教えられるありきたりの指揮法に慣れている聴き手は、私の動作を不可解なものと思うであろうし、一部の評論家もそれを理解できないでいる。「不明瞭な指揮でウィーン・フィルが完璧なアンサンブルを実現できる秘密を解く唯一の鍵は、数え切れないほど回数が重ねられる練習《プローベ》にある」と書かれたこともあるが、それは正しくない。ウィーン・フィルハーモニー管弦楽団の精緻なアンサンブルは、私の不明瞭な指揮から生まれた自然な結果なのである」

人格より技術

ヴィオラ奏者ルドルフ・シュトレングの温和な、しかし底光りのする眼差しが脳裏に蘇った。

「あの震える指揮棒、右腕の複雑極まりない動きは、フルトヴェングラーが開発した技法――指揮法の新技術であったのか」と。

新人時代のフルトヴェングラーが、ベルリン・フィルの常任だったアルトゥール・ニキシュの音楽に感動し傾倒して、その指揮法を彼の実演のステージから学びとった逸話（教えを乞うてはいない！）、ニキシュの棒の真髄が〝オーケストラを自発的に歌わせる〟ことにありと見抜いて、

広げた総譜《スコア》を前にして、音楽造りに没入するフルトヴェングラー。ベルリン・フィル楽員（おそらくはティンパニー奏者テーリヒェン）の隠し撮りだろうと言われている。今回の、この写真の公開にあたって、今年90歳になるエリザベート・フルトヴェングラー未亡人は、「夫が日本でいまなお絶大な人気を保っていることは名誉であり、愛好家の方々に呉々もよろしくお伝え下さい」とのメッセージを、テーリヒェンと高辻知義氏に託したという。（音楽之友社の『フルトヴェングラーかカラヤンか』より写真転載）

オーケストラを歌わせるためには、右腕はどのように動かせばよいのかを考え抜き、夜の散歩の折りも腕を振るのをやめなかったので、遂に挙動不審のかどで警察官の尋問を受けるに至った挿話など、伝記で眼にしたさまざまな場面が、次々と想い出された。

彼の音楽家としての偉大さについては、神話化されたそのカリスマ性によるところが多いと、われわれは長いこと信じさせられて来た。

ベルリン・フィルの元ティンパニー奏者ヴェルナー・テーリヒェンが、著書『フルトヴェングラーかカラヤンか』の中で、「ある指揮者とリハーサルをしていたら、突然、オーケストラの音が変わった。驚いて顔を上げたら、ホールの入口に、(練習を覗きに来たらしい) フルトヴェングラーが立っていた」という類いのエピソードを書いたりしたので (実話であろうし、ありうる話だと思うが)、神格化の動きは一層揺るがし難いものとなった。

しかし、フルトヴェングラー自身、先に引用した著作の中で、彼を魅了したニキシュ指揮下のベルリン・フィルの音色と表情が、

〔ニキシュの、音=音楽に自己を投入する仕方に基づくものであって、それはあくまでも彼の指揮の〝技術《テヒニーク》〟であり、決して〝人格〟とか〝暗示〟とかによるものではない〕

と書き、同じオーケストラから、さまざまな音色や表情が生まれるとき、

〔人びとは、〝暗示〟とか〝人格の力〟という言葉を口にするが、そのような説明はおよそばかげている〕

と記しているのである。

偉大な指揮者は、自分の音楽を正しくオーケストラに伝え、意図するところを正確に演奏してもらうために、それぞれ独自の技法を工夫し、開発する。単にフルトヴェングラーだけが特別なわけではない。トスカニーニも、カラヤンも、カルロス・クライバーも、そして小澤征爾も、それぞれ過去の楽聖の音楽に対して独自の想いと解釈を持ち、それを表現するために独自の指揮《バトン》の技法《テクニック》を創造した。

オーケストラへのメッセージ

——フルトヴェングラーのあの指揮法だと、オーケストラはたいへんじゃないですかね。ビデオを観て、「あまりやりたいとは思わない」みたいなことを言ったコンマスがいましたが。

「フルトヴェングラーの言い方は非常に正しいんですよ。指揮棒で力点《ポイント》を打つ——つまり合図をしてしまったら、オーケストラは音を出してしまう。音が出てしまったら、もうどうにもならない。『どういう音を出させるか』という、準備段階における指揮者の意志が大切なんですね。

しかも、明快に力点を打って指示しすぎると、オーケストラは自発性を失ない、歌わなくなってしまう。だから、準備段階だけの棒＝力点のない棒を振れば、振り方によってはアンサンブルの精密さとオーケストラの自発的な歌唱性の両方を同時に実現できる筈だ——それがフルトヴェングラーの指揮法の根本にある考え方なんですね。そして現実に、あの絶え間なく震えている指揮棒の先からオーケストラにメッセージが発信され、楽団員が確実にそれをとらえて、素晴らしい音楽が生まれるわけです」

ある音楽講座でフルトヴェングラーをテーマに取り上げたとき、ゲストに招いたヴェテランの指揮者・三石精一がコメントしてくれた言葉である。

「でも、おっしゃるとおり、あの指揮棒についていくのは簡単じゃありません。ベルリン・フィルとか、ウィーン・フィルとか、彼との付き合いが長く、しかもオーケストラ自体に合奏能力、感受性、反応の素早さなど、それにふさわしい能力が具わっていませんと。

それと、オーケストラのリード役であるコンサートマスターが重要な鍵を握ることになるんじゃないでしょうか。東京のオーケストラのコンマスが、映像を観て首を横に振るということは、大いにあり得る話ですよ。いずれにせよ、中味あっての形なんです。『技法を盗んだ』っていうけれど、ニキシュのスタイルとフルトヴェングラーの指揮振りは全然似ていません。巨匠の形だけ真似してみてもダメで、要は〝音楽〟なんですね」

指揮者とオーケストラの関係は、語り尽くすことのできない人間ドラマである。

第3章　カール・ベーム　その光と翳

光——巨匠《マエストロ》とのステージ

「頼みたいことがあるんだけど」

ウィーン・フィル往年の名フルート奏者、ウェルナー・トリップが真剣な眼差しで話しかけてきた。一九九九年の二月、場所は青森県五所川原市にある旧家の一室である。

安土桃山時代というから、徳川幕藩体制成立の数十年前、この地に居を構えた豪族阿部家の館に私たちは招かれていた。敷地一万坪。二階建て木造家屋の建坪は一千坪あまり。部屋数は三六とか七とか言い、ピアニストで、嫁ぎ先が首都圏であるこの家の令嬢・菅野《かんの》美奈は、「自宅内の経路、居室・客室の所在、ほとんど忘れた。里帰りしても、足を踏み入れる区域は数分の一」と、憮然たる表情で歎く。その昔は下男下女数十人が日がな一日立ち働き、白壁の蔵には年貢米が溢れていたのであろう。

　トリップは、彼女とジョイント・コンサートを催すためこの地を訪れた。〝地吹雪〟と呼ばれる、地面と水平に豪雪が吹き荒れる厳しい自然が、玲瓏《れいろう》・流麗な音色で一世を風靡したこの名人を迎える。

「雪が地面と平行に降っているのを見た。帰りの車が森の切れ目を走ったときだ。初めての経験だったけど、面白かった。来てよかった」

「頼みたいことが」と切り出しながら、トリップは話題を外《そ》らせた。言いにくいことであるらしい。

「ビデオを捜して欲しいっていうんです」

　同行した夫人のカレンさんが、代わって話をもとに戻した。

「一九七五年だったと思います。巨匠《マエストロ》・ベームと主人は日本を訪れました。主人は七七年にウィーン・フィルを退団しましたから、彼にとっては、マエストロとの最後の来日でした。そのときNHKホールで、ベートーヴェンの《「レオノーレ」序曲第三番》を演奏したんですが、映像が残っているはずだ、観たい、と主人は言うんです」

　私たちは沈黙したまま考えこんだ。

「そんなビデオ、果たしてあるのか。どうやって捜したらいいんだ。それに、トリップは何故それを欲しがるんだろう」

「あれはぼくたちにとっても会心の出来だった。曲の中に、ソロ・フルートの難所がある。目立つところで、ファゴットと掛け合いになるんだが、とても難しい。そのほかにも、ベートーヴェンは、フルートのためにとても美しいソロ・パートを何ケ所か書いている。

コンサートが大成功に終わって、その翌日、新しいプログラムのための総練習《ゲネプロ》が行なわれたんだけど、リハーサルが始まる前、マエストロは上機嫌で、『昨夜は、とてもいい演奏ができた。とりわけ、《「レオノーレ」序曲第三番》のフルートが良かった！』と、オーケストラ全員を前にしてぼくの演奏を褒めてくれた。

彼は気難しい人で、めったに人を褒めない。オーケストラに対しても、楽員個人に対しても文句ばかり言う。でも、あのときは嬉しそうだった。自分とウィーン・フィルの演奏に満足だったんだろうね。あれが彼との最後の日本ツアーになってしまったんだし、そんな想い出のためにも、あのときのビデオが観たい。自分の姿を観てみたい」

美し過ぎたフルート

古稀を目前にしたウィンナー・フルートの名人が、堰《せき》を切ったように話し出した。

一九三〇年、グラーツの生まれ。ウィーンで生を享《う》け、ウィーンの国立音楽大学の出身者であることが入団の優先順位を左右した時代に、ふたつの条件のどちらもクリアーしていないウェルナー・トリップのウィーン・フィル首席奏者就任は、関係者の間で物議を醸した出来事であった

ベートーヴェン《「レオノーレ」序曲第３番》フルート・ソロの見せ場

らしい。結局、「一〇〇キロ離れたグラーツの生まれで、育ちがウィーンでなくても、いまどきこれだけ見事な〝ウィーン流のフルート〟を吹ける男が他にいるか」という実力評価派の主張が通って、トリップは晴れて入団を許された。一九六一年のことである。

　この人、カール・ベームからは格別の信頼を得ていた。来日の年である一九七五年、この巨匠とウィーン・フィルをバックに録音したモーツァルトの《フルート協奏曲第一番ト長調K三一三》は、ウィーン・モーツァルト協会のレコード賞（ウィーン笛時計《フルーテンウーア》賞）受賞の逸品である。華麗ではないが、燻し銀というほどくすんでもいない。いうならば磨き上げた純銀の光沢をそのまま音にしたような、底光りのした、気品のある音色の持ち主である。

　一九九九年、夫人を伴っての来日の際、乞われて某在京メジャー・オーケストラのニューイヤー・コンサートに客演した。そして協奏曲演奏を行なったあと、首席客演フルート奏者といった立場でヨハン・シュトラウス二世作曲の《ウィーンの森の物語》と《美しく青きドナウ》の演奏に加わった。

　日本人若手指揮者の棒《タクト》で序奏がはじまってしばらく、トリップがひと節《ふし》のソロのフレーズを吹いたのであるが、吹き出した瞬間、コンサート会場である東京オペラシティ、タケミツ・メモリアル・ホールの空気が一変した。

「高貴で、透明な」と、ある音楽愛好家が語っていたが、私自身、正直に申し上げて、これだけ彼我《ひが》の音色に差があるとは考えていなかった。オーケストラの音色が美しくなかったと言うつもりはない。独奏フルートの音色が美し過ぎたのである。その時間は、秒をもって数えねばならぬほど短かかったのであるが、識者は終演後、「異次元の体験！」と口を揃えた。

協奏曲も名演であったし、ウィーン・フィルの一員として来日し、曲中でソロ・パートを披露したときももちろん素晴らしかったが、独《ひと》り異国のオーケストラに混じって独奏部分を吹くという、いわば比較対照の相手を持ったとき、こういう真正の名人の妙技は際立つ。忘れ得ぬ体験である。

カール・ベームを支えたフルート奏者
ウェルナー・トリップ

「こんな名手が、ベームのひとことの称賛を生涯の想い出にしている。音楽人生のハイライトのひとつとして、大切に胸中に温めている。何とかしなくては」

　私は諸方を訊ね歩いた。「NHKの史料《アーカイブ》センターにあるらしい」ということは判った。だがこんなに有名な音楽家であっても、個人使用の目的でテープを借り出し、ダビングすることは至難の業《わざ》であった。

　ライヴ録音はLP時代に発売されている。同じ時期に演奏されたブラームスの《交響曲第一番》

は録画・放映されたことがあったらしく、弟子の誰かがVHSのテープをトリップ家にプレゼントしていた。周知のように、ヨーロッパと日本では映像の録画再生方式が異なるが（日本はアメリカと同じNTSC、西ヨーロッパはPAL）、トリップは各方式を一台のVTRで再生できるというフィリップス製の機器を購入、栄光のシーンの回想を楽しんでいた。

だが、本人が入手を切望している肝腎の《「レオノーレ」序曲第三番》がない。

ある音楽家の死

〝世紀末〟を経験する幸せを、二〇〇〇年の初頭、私はトリップに書き送っていた。一九九九年の年末から二〇〇〇年の初頭にかけて、NHK・BS第二チャンネルが、二〇世紀に来日した海外の巨匠たちの録画映像を、何回かに分けて放映したのである。

そのシリーズの中に、壮年期のカラヤン、チェリビダッケの貴重な映像があり、それに混じってベーム＝ウィーン・フィルの《「レオノーレ」序曲第三番》が、わが家のテレビに映った。

その少し前、私たち夫婦はトリップから、二〇〇〇年の五月八日に彼の七〇歳の誕生日を祝うコンサートがウィーン・コンツェルトハウスのシューベルトザール（室内楽ホール）で催されること、ぜひ出席をして欲しい旨の招待状を受け取っていた。

「一緒に行きましょうよ。滅多にない催しですから」。前述した五所川原の名家・阿部育也ご夫妻共々、私たちは陽春のウィーンを訪れたのであったが、《「レオノーレ」序曲第三番》の映像が収録されたビデオ・テープは、その折りの最高のお土産となった。

ウィーン楽界の名士が顔を揃え、賑々《にぎにぎ》しくウェルナー・トリップの事績を顕彰した音楽会と記念パーティが催された翌日、一〇名あまりのグループがトリップ家のアパートメントに集った。

「とにかくビテオを観ようよ」

八一歳のベームが指揮棒《タクト》を振り下ろし、冒頭、フォルティシモの斉奏から曲が始まる。

ベームの信任最も篤かった第一コンサートマスター、ゲアハルト・ヘッツェルがいる。ヴァイオリン・セクション第一列目の隣に、現在の首席ライナー・キュッヒルが、持ち前の厳しい眼付きで弓を動かしている。キュッヒルの右側、白髪の奏者は、ヴィルヘルム・ヒューブナーである。

ゲアハルト・ヘッツェル

「懐しい。もう、あの人たちはいないんだ」

ヴィオラのルドルフ・シュトレングが、指揮台を挟んでヘッツェルの向かい側に映ったとき、うしろのソファーに坐っていた老婦人が呻《うめ》いた。シュトレングとヒューブナーは、定年退団後も、ゴッド・ファーザーのような立場でウィーン・フィル、国立歌劇場、そしてこの街の楽界と関わりを持ち続けて来たが、ともに病いを得てこの世を去った。

ヘッツェルは趣味の山歩きの途中、足を滑らせて転倒、頭部の打ちどころが悪くて、発見されたときはすでに息絶えていた。享年五〇。わが国ではことあるごとに、「ウィーン・フィルの顔」と称されていた人である。倒れたとき、反射的に左手の指を庇《かば》い、両手を胸の前で結び合わせるようにしたので、頭部が地面を直撃して死を招いたのだと、人づてに聞いた。

「プリンツはどこで、何をしているんだろう」

トリップの並びで、無愛想な表情でクラリネットを吹いている、これもウィーン風木管セクションの、それこそ神様扱いされていた細面《ほそおもて》の名物男を指さして、老紳士が言った。

「離婚して、アメリカに去った。それからは音信不通なのよ」

トリップ夫人であるカレンさんが小声で囁いている。一五歳にしてウィーン国立歌劇場のオーケストラ・ピットに入り、定年の六五歳まで、実に五〇年という歳月をこのオーケストラと共に送った不世出の名手のことを、一座の人々は同時に想い浮かべている。

栄光の半世紀と、老いた残りの月日と——人は想い出だけでは生きられないものなのであろうか。想い出がいかに美しくとも、いま生きている自分との関わりはないのであろうか。人生とは、そんなものなのか。カレンさんはメッゾ・ソプラノ歌手。ただし生まれたのはアメリカである。プリンツが、晩年、終《つい》の棲《す》み家として選んだ己れの故国の風物が、一瞬の会話の間に彼女の脳裏をよぎったかどうか。

画面が後半の見せ場（三二八小節あたりから・五三頁の譜面参照）、フルートとファゴットの掛け合いの場面となった。テレビのブラウン管が斜めに区切られて、左上にフルートのトリップ、右下に首席ファゴット奏者が映されている。

端正な二人の奏者は、有名なソロの難所を、微動だにせず吹き切っている。流れて来る音楽のスリリングな躍動感と、端座《たんざ》する奏者たちの静謐《せいひつ》なたたずまい――音と映像による〝動と静〟、その対照《コントラスト》の妙が視聴者に忘れ得ぬ〝時間〟として残る場面であった。時間にして二〇秒あまり。奏者日頃の研鑽は、この一シーンを演ずるためになされる。

レオノーレ体験

喰い入るように画面を見詰めていた私の左肩に、そっと誰かの手が触った。

振り返ると、銀ぶちの眼鏡をかけた中老の紳士が目くばせをしている。

「彼、泣いてる」

小声で呟くと、促すような表情で私と妻の視線を一座の最後部に誘った。視線の先に、古稀を迎えたばかりの名フルート奏者の顔があった。両眼の下の頬が涙で濡れ、フロア・スタンドからの斜めの光を受けて光っている。

突然、半開きの唇から声が洩れた。

「ドクター・ベームが、ぼくのフルートを褒めてくれたんだ。『格別の出来だった《ベゾンデルス・グート》』と、皆《みんな》の前で言ってくれたんだ」

終演。画面に映っているベームの背後から嵐のような拍手と、「ブラボー」の掛け声が湧き起こった。その瞬間、部屋にいた全員が立ち上がり、ブラウン管をバックにしてトリップ夫妻の方に向き直り、一斉に拍手をおくった。

ソファーから立ち上がった二人に、阿部さんご夫妻や私たち夫婦が何を言い、どれほどの時間拍手を続けていたか。何故か記憶は不鮮明である。涙で光ったトリップの頬と、それをいとおしそうに見守っていた若いカレン夫人の頬とが、燃えるように紅潮していた――その想い出だけが脳中に鮮明に刻まれている。

ベームとステージを共にするということがどういうことなのか、巨匠とベートーヴェンを奏でるという行為が、その人の音楽人生にとって何を意味するものなのか――演奏時間にして一五分足らずの〝レオノーレ体験〟は、私に終生忘れ得ぬ教訓を残した。

一流の音楽家は、瞬時にして消え去る音の芸術＝音楽に、常に命を賭け、全身全霊を捧げる。「彼等は日本公演など、本場以外のステージでは手抜きをするんだ。まあ、体《てい》のいい観光旅行なんだから」などと、したり顔で喋っている〝事情通〟の愛好家や評論家に時折出会うが、その大半は嘘であり、質《たち》のよくない邪推である。

だいいち、ベートーヴェンは、手抜きなどして弾ける作品を書いていない。どんな小さな音楽でもいい。モーツァルトやベートーヴェンの作品を、楽譜を前にし、人前で弾いてごらんなさい。

その日によって、演奏の出来・不出来はあっても、不真面目な気持ちをもってしては、一瞬たりとも、指も腕も動かないはずである。「手抜きをしようと思ったら、そのためにかえって疲れます。そういう音楽なんですよ、ベートーヴェンは」と苦笑した、有名ピアニストがいた。

指揮者の虚と実

「指揮者は長生きしなくちゃいけない。われわれ仲間うちではよくそういうことを言います」

東京新都心、通称・住友三角ビルの四三階に朝日カルチャーセンターの本部がある。その一室で催されている私の講座の特別ゲスト、読売日本交響楽団コンサートマスターの小森谷巧《たくみ》は、受講生に向かって、さらりと言ってのけた。

ほとんどの受講者が真意を測りかね、不審げな眼差しで小森谷の口許を見つめている。隣に坐っている裕子夫人が、右手で口を押さえて笑いをこらえていた。彼女は室内楽奏者・伴奏者として著名なピアニストである。ご主人が次に何を言うか、判っていたらしい。

その日、私はフルトヴェングラーとか、トスカニーニ、ワルターといった、二〇世紀の演奏史を飾った名指揮者たちの映像資料を持参し、受講生たちに観てもらっていた。オーケストラの一流奏者をゲストに招き、画面で巨匠たちの指揮振りを鑑賞しながら解説を聞く。

ポイントの第一は、「あなたがいま、このマエストロの前にいるオーケストラの一員であったとしたら、音楽家として幸せか、否か」という仮定の状況を前提とした質問である。

小森谷の来講以前にも、予想だにしない回答が、招かれた演奏家から寄せられていた。カラヤンとベルリン・フィルのＬＤ《レーザー・ディスク》を観ていた同じ読響のクラリネット・セクション首席奏者・藤井洋子は、「とても吹きにくいです。画面で観る限り、カラヤンの気持ちはカメラ、つまり写真撮りの方に向いていて、オーケストラの方には向かっていません。だから、私は……」と口ごもって、首を横に振った。カラヤンお手製のビデオ映像であるから、指揮姿が実に格好良く映っている。私たちその道の素人は、「少しキザだな」と思うことが間々《まま》あるが、まあ判ってそこまでである。

オーケストラに身を置いて、画面の裏側からこの指揮者を観察することのできる藤井洋子は、スタジオで制作されたこのビデオ映像の〝虚と実〟を瞬時にして見抜き、講座参加者の声にならない感嘆の呻《うめ》き声が室内に広がった。

ベームがからかわれている！

講壇の横にある横長テレビのブラウン管には、カール・ベームとウィーン・フィルが映っていた。撮影は一九六四年、曲はベートーヴェン《交響曲第七番》のフィナーレ（第四楽章アレグロ・コン・ブリオ＝速く、活《い》きいきと）である。

この曲は明るいイ長調という調性で書かれ、リストが「リズムの神化」、ワーグナーが「舞踏の神化」と称したと伝えられているように、リズミカルな躍動感が曲想の基本《ベース》とされている。そして第四楽章には、その特色が際立って濃厚に出ている。

『ウィーン・フィルと名指揮者達』と題された四枚組ＬＤに収録された（一九六三〜六八年）ライヴ演奏の一枚に、ベームの《第七番》があって、私はその終楽章をひと眼観たときから、首席コンサートマスターで、同オーケストラきっての名物男、ウィリー・ボスコフスキーの弓使いにいたく興味を覚えていた。

剽軽《ひょうきん》で物真似の巧い現コンサートマスターのライナー・キュッヒルは、ベームの話になると決まって、あの武骨な、見方によってはヨタヨタしているような指揮姿を、身振り・手振りで蘇らせては相手を笑わせるが、まだ六〇代のはずのベームの指揮台上の動きは、日本の愛好家の前に頻繁《ひんぱん》に現われた晩年の頃と、たいして変わりはない。

何とも冴えない身のこなしである。カラヤンとは対照的な、不器用で一途《いちず》な人だったのであろう。

そんなギコチない身体の動きを見せているベームの、すぐ左隣に坐っているのがオーケストラをリードするウィリー・ボスコフスキーである。彼の弓使いは、うしろに居並んでいる十数人の第一ヴァイオ

ウィリー・ボスコフスキー
（ユニバーサルミュージック提供）

リン・セクションとは微妙にちがう。もちろんコンサートマスターだから、全員に先駆けて指揮者の意志や演奏意図を正確に把握し、弓《ボウイング》と身振り、そして背中の動きでそれをオーケストラに伝達しなければならない。だから、他の奏者と動きが異なるのは、いわば当然のことと言える。

客席からでも、彼等の動きを気をつけて観ていれば、どんな人にもそれは判る。

しかし、画面の中のボスコフスキーの身体の動き、弓さばきは、そんな常識的な姿とは著しく違っていた。弓をほとんど垂直に立て、弦から離したり、ぶっつけるようにして弾いたり、上半身を大きく上下に弾《はず》ませたり——一六名二列の編成になっている第一ヴァイオリン群の中でも、一人だけ異質の動きをしているように、私には見えた。たとえてみれば、行進している軍楽隊とか、子供たちの鼓笛隊の先頭に立つリーダーの身振り・手振りに似ていた。

「コンサートマスターのこの動きは、いったい何なのでしょう」

いわば同業者である小森谷巧に、私は受講生を前にして質問をしてみた。冒頭の一言は、それに対する最初の説明である。

「ベームがバカにされているんですよ。からかわれているって言った方がいいかな」

講義室内の老若男女は、驚いて一斉に小森谷の口許に目をやった。

「あのベームが、オーケストラにからかわれている！」

「ベームとボスコフスキーと、どちらが歳上でしたっけ」

小森谷が訊ねる。

「ベームの方が年長だと思いますが、なにせボスコフスキーは『文化大臣より社会的地位《ステイタス》が高い』って言われてたウィーン・フィルのコンサートマスターですから」

と、私。

「指揮者は皆、若いうちはオーケストラにいじめられるんです。わざと棒に逆らった演奏をしたり、間違って弾いて反応を試してみたり。解釈に異議を唱えて指揮台の上で立往生させたり。オーケストラが名門であればあるほど、そんな傾向が強い。彼等は超一流の巨匠に鍛えられているから、いい想い出をたくさん持っています。若い指揮者を迎えたときとか、そこそこの人が指揮台に立ったときとかは、『そこは違う！』みたいな気持ちで弾いているから、とにかくやりにくいんです。

ところが、時がたって、そんな古き佳《よ》き想い出をいっぱい持ったベテランの楽団員が退団して、顔ぶれが新しくなると、指揮者はやりやすくなるんですね。本人が経験を積んでくるし、勉強の成果も出て来ます。皆が素直に言うことを聞くようにもなる。楽団員定年の六五歳あたりが境目でしょうか。指揮者が七〇歳前後から音楽に〝味〟が出てきたり、説得力が増してくるのは、それ故でもあるんですね」

コンサートマスターが曲想を伝える

いやいや、これは大変な仕事だ——受講者も講師の私も溜め息をついた。

ただ、フルトヴェングラーとかカラヤンについては、ほとんどそういった話を聞かない。クナッパーツブッシュにしても然りである。映像に収録されている時点のカール・ベームの年齢は六九歳。聴衆には人気の高い人だったが、まだウィーン・フィル相手に苦闘していたのだろう。ちなみに、コンサートマスターであるボスコフスキーの弓や身体が、リズミカルに大きく動いているのには理由がある。

ハイドン、モーツァルトを経てベートーヴェンによって完成の時期を迎える〝古典交響曲〟は、音楽史的に見ると、実によく出来た構造を持っている。

急速に奏せられるソナタ形式の第一楽章と、ゆっくりと歌うように書かれた緩徐調の第二楽章の発生源は〝歌唱〟、つまりイタリアの歌である（そもそも〝ソナタ〟とは、〝器楽で演奏される歌〟という意味である）。そしてハイドンやモーツァルトの交響曲に多用されている第三楽章のメヌエットや第四楽章のロンドの源は、フランス宮廷などの舞曲、つまり踊りの音楽である。

われわれが、日頃、「ウィーン古典派」とか「ドイツ音楽」と呼んでいるクラシック音楽の典型が、一八世紀後半から一九世紀末にかけて楽都ウィーンを中心に活躍した楽聖たちが作曲した〝交響曲〟であるが、通常、四つの楽章で構成される交響曲の構成要素（各楽章の性格）を、こうした起源（歌と踊り）に遡って見直すと、改めて「よく出来ているな」と、溜め息の出るような想いを禁じえない。

ちなみに、コンサートマスターのボスコフスキーが弓を弾《はず》ませ、身体を上下に大きく揺り動かしながら弾いているベートーヴェンの《交響曲第七番・第四楽章》のリズムは四分の二拍子であるが、第一主題の2拍目＝通常弱拍で演奏される2拍子目に、アクセント（S_z）がつけられているので、曲想が聴く者に与える刺戟ははなはだ強い。「狂喜乱舞の主部」とか「大荒れに荒れて踊り抜く」といった、クラシック畑では珍しい、楽しい解説が記されている書物もある（『名曲解説全集1』〈音楽之友社　1959年版〉担当筆者・武川寛海）。

だが、遺された映像の画面で観る限り、ベームの指揮振り、身のこなしはいかにも不器用で、武骨そのものである。音をなくして映像だけを観ていたら、とてもこの強烈なリズミカルな音楽を指揮しているようには見えないだろう。だからコンサートマスターのボスコフスキーは（好意的に見れば）指揮者のベームに代わって、ベートーヴェンの意図した曲想を支配下の楽員達に伝達し、名演を実現した、という説明も不可能ではない。とどのつまり指揮者とコンサートマスターの「持ちつ、持たれつ」の関係である。

オケ側が自発的に協力して、指揮者の技量の足らざるところを補っていたのか、小森谷の言うように、彼等が勝手に自分達の音楽を楽しんでいたのか――真相は判らない。

しかし何故か、丁度この時期を境に、ベームの人気は異常な高まりを見せはじめる。

ウィーンでオペラの指揮台に登ると、拍手がいつまでも止まらないので音楽が始まらない。オーケストラの方を向いたと思ったら、また客席の方に身体の向きを変え、遂には両手を合わせて「始めさせて下さい」と哀願の仕草までする光景を一度ならず目にして、「人生、かく歳をとりたいものよ」と、そのたびごとに羨ましく思ったものである。

ベームの執念

オーケストラは人間集団である。しかも構成員がとびきり個性豊かな音楽家ときている。そして良い楽団、一流のオーケストラであればあるほどメンバーの誇りが高く、個性強烈な奏者の割合が高い。こんな人たちを一つにまとめて、ステージ上で名演を産みだすのは容易な業《わざ》ではない。

しかも音楽性豊かで、指揮のテクニックが優れている人物と名門オーケストラが共演しても、必ずしも名演になるとは限らない。「今夜はいい演奏ができたぞ！」と胸を張ったら、客席の反応がイマイチ。拍手の音が冷たくてガッカリしたなどという経験は、ベテランの楽団員なら数え切れないほど持っている筈である。

反対に、指揮者の棒が不器用でモタついているのでコンサートマスターが大奮闘し、楽員もそれにつられて熱演を繰り拡げたら、客席が大いに沸いたなどというケースは結構多いらしい。

晩年、NHK交響楽団にしばしば来演して、この楽団の歴史に遺るような壮大な名演を聴く者に満喫させたユーゴスラヴィア出身の巨魁（挙措、風貌が〝巨匠〟というにはほど遠かった！）、ロブロ・フォン・マタチッチとか、近年にわかにその評価を高めているポーランドの老指揮者、スタニスラフ・スクロヴァチェフスキーなどは後者の典型であろう。ただし、この場合、指揮者が楽員を心服させるだけの音楽性の持ち主であることが前提になる。

指揮者カール・ベームと、コンサートマスター、ウィリー・ボスコフスキーの関係について付言すれば、一九七一年、ベームはボスコフスキーが退団する直前、かつて二度にわたって母体である国立歌劇場の総監督を務め、名誉指揮者の称号を受けていた影響力を駆使して、ユーゴスラヴィアに生まれ、ドイツで学んだヴァイオリニスト、ゲルハルト・ヘッツェルを強力に推薦し、コンサートマスターに招聘してボスコフスキーの後継者のポストに据えてしまったという噂がある。ユーゴは旧ハプスブルク大帝国の版図に属し、オーストリアとは関係浅からずとはいえ、原則としてウィーン生まれ、少なくともウィーンの音大で学んだことをもって入団の条件（暗黙の諒解事項）としていたウィーン・フィル・メンバーの性格を、この人事が微妙に変えてしまう。

音楽的に優れていることは、いわずと知れた必要条件であるが、気心が知れていて、忠実で仕事のしやすいヘッツェルを、伝統と慣習を破ってでもリーダーの座に据えたベームの執念を、先に書いたベートーヴェン《第七番》の一シーンと重ね合わせてみるのも一興である。

翳――記憶と忘却

「ベームは息を引き取った翌日に死んだ」という文章が、あちらの書物に載ったという。評論家の吉田秀和氏のエッセイ（『音楽時評』〈朝日新聞〉）に紹介されたその冷酷な一文を眼にしたときから、音楽という、瞬時にして消え去る空気の振動＝音を伝達手段とする芸術とそれに関わる芸術家の運命について考え続けている。

同じような話題は二〇世紀も終わろうとしていたある日、アムステルダムでも耳にしたことがあって、索莫たる想いを味わった記憶が残っている。

「ヨーロッパでは、カール・ベームのCDは見向きもされなくなっている。幸い日本では〝巨匠〟ともてはやされてまだ売れているようだから、マスター・テープはどんどんあの国に送って、稼げるだけ稼がせてもらおうではないか」

こんな会話がメジャー・レコード会社の担当者の間で交わされているという話であった。

ウィーン・フィルと深い関係があった指揮者の筆頭格は、フルトヴェングラーとカラヤンであろう。クナッパーツブッシュとベームがそれに続く。歴史的人物として語り継がれているフランツ・シャルクやクレメンス・クラウス、フェリックス・ワインガルトナーや戦前の一時期客演して、いまなお当地の古老の間で話題にのぼることのあるアルトゥーロ・トスカニーニの名も忘れてはなるまい。そしてその昔、ひとりわが国のみならず、世のレコード愛好家にとってウィーン・フィルと言えば、ワルターの振るモーツァルトの数々とベートーヴェンの《田園》、そしてシューベルトの《未完成》であった。

そんな数ある巨匠の中で、何故か「ベームだけが、死後、影が薄い」と内外識者は言う。

吉田秀和氏は、「何故」という理由にまでは言及しておられなかったが、「死後、名を遺す」ということの難しさを、歳月と人の心の移ろいに触れつつ見事な一文にしておられた。

カール・ベームという、NHK教育テレビ世紀末の記念番組『二〇世紀の名演奏』では、カラヤンと並んで来日演奏家のハイライト＝トップ扱いされていた指揮者の名声が、死後、幾許《いくばく》も経ずして急速に翳りを見せていることの是非を、この小文で論じるつもりはない。

しかし、芸術の価値を決めるのは歳月の流れと、それを味わう後世の人間の美意識であることは自明の理として、「何故に」とその理由を問うことに、生前、何度かその英姿に接している私としては無性に興味があった。彼に対して美しい想い出を持っている往年の名フルート奏者、ウェルナー・トリップに対しては申し訳ない仕打ちになるかもしれないが。

ベームはなぜ忘れ去られつつあるのか
（ユニバーサルミュージック提供）

あのときのあの響き

鍵《ヒント》のひとつは、ピアニストの小山実稚恵が私との対談の最中《さなか》、ふと洩らした一言にあった。

「コンサートで受ける感動には、二つの種類があるような気がするんです。一つは、そのとき熱狂して、『ああ、素晴らしい音楽会だった！』と感動して家に戻って来ても、時間が経つにつれて具体的な印象が薄れて、しまいには何がどう演奏されたのか、曲目自体も想い出せなくなってしまうケース。もう一つは、もちろん全部ではないけれど、あのときのあの音とか、あの部分のあの歌いまわしとか、ステージ上で演ぜられた音楽のイメージが具体的に想い出されて、いつまでも脳裏から消えることのないアーティストです」

もちろんベームを話題にした会話の席上ではない。一人の演奏家として、「自らもかくありたい」という想いをこめての発言であったが、私にとっては、文字通り、「天啓の一語」であった。同じピアニストの内田光子が、巨匠ケンプを評して、「ステージで接した想い出がいつまでも消えない。永続きする。不思議な音楽家でしたね」と言った言葉を、そのとき想い出しもした。

不思議なものである。過去数十年にわたって聴き続けてきた幾千とも数え切れない演奏会の中で、奏者の姿、形、その瞬間の音と響きまでが、その気になれば直ちに脳裏に想い浮かべることのできる音楽家が何人かいる。

彼や彼女がそのとき何を弾いたか、どのように弾いたか——通ったコンサートの、それは何十分の一という確率でしかないが、その想い出が欲しくて自分はコンサート・ホール詣でを続けてきたのではないかと、最近ではそんなわが身を、もう一人の醒めた自分が見詰めているのに気が付いて、苦笑いしたりもしている。

しかし、こと音楽に限らず、芸術家と芸人の区別を問わず、ステージに立つ人間は、この所作《しょさ》、この瞬間の演技が客席に感動をもたらし、接した観客の心に終生忘れ得ぬ記憶を刻みつけることができればと、ひたすらそれのみを念じて舞台を務める。それが舞台芸術というものの、おそらくは窮極の存在理由なのであろう。

それがベームのコンサートにはない。「ない」という言葉が厳し過ぎるとすれば、「欠けていた」と言い直してもよい。

指揮台に登場したとき客席から浴びせられる万雷の拍手に、微笑とともに困惑の表情をすら浮かべて、壇上に立ち尽くしていた幸せそうなベーム。終演後、オーケストラの全楽員がステージ上から去った後も、幾度となく呼び戻されて、舞台の袖で歓声と拍手に応えていた栄光のマエストロ。そんな光景はあたかも昨日のことのように眼前に浮かぶのだが、肝心の音楽が脳裏に甦ってこない。指揮振りも想い出せない。

「あの瞬間」「あのときのあの響き」という感銘が、胸の奥にはない。それぞれのコンサートについて言えば、言いようのない虚しさを覚えたこともあるカラヤンのそれに比べて、充実の度合いはそれなりに高く、当たり外れはほとんどなかったような気がするのであるが。

リハーサルは空白の部分を残す

近年、ウィーン・フィルの指揮台によく立ち、遂に二一世紀幕明けのニューイヤー・コンサートにまで登場することになったニコラウス・アーノンクールについて内田光子が、「演奏会の間に、『あっ』と息を吞む瞬間が何度もある人なのよ」と評したことがあった。
「そもそも、息を吞むような一瞬が作れなかったら、ピアノを弾く意味がないでしょう」という基本理念が、彼女の演奏哲学にはある。

私の場合、そんな想い出のいちばん多かった指揮者は、シャルル・ミュンシュとカルロ・マリア・ジュリアーニ、それにカルロス・クライバーである。接することが多かったわりに数は少ないが、そのときの印象がことさらに強烈だったのは、カラヤンとピエール・モントゥー、それにオイゲン・ヨッフムということになろうか。クナッパーツブッシュ体験はただ一度であるが、「忘れ難い」という点においては比較を絶している。残念ながらベームのコンサートにはそれがなかった。

それでは、〝息を吞む瞬間〟とはいったい何なのであろうか。

NHK交響楽団のコンサートマスター篠崎史紀が、演奏という行為における閃《ひらめ》き＝〝即興〟という現象について、ある席でこんな解説を加えていた。

篠崎は、「ここでこんな仕掛けをしたら、お客様は感激するだろう」とかいう、徒《いたず》らな演奏効果を駆使しても、相手は仮りに驚くことはあっても感動はしない、と言い切った。

そして、いわゆる〝感動〟には、ステージと客席との交流の時間の中で産み出された質・量相伴った感動と、奏者の脳中に閃いた一瞬の工夫、それを瞬時に理解し、受け止めた聴衆の感性が見えざる共鳴の絆を同じ空間で共有するといった、火花が飛ぶが如き感動の二つの種類がある、と話をすすめた。後者について彼は、

「ステージにおける即興は、事前の緻密な準備と計画《プラン》、それが実際の演奏行為の中で、突然の閃きによって変えられる――そういうことなんです」という。

徹底した譜読みと、それを基礎とした楽曲理解。更にそれをステージ上で表現に移すためのイメージ作り。コンサートを前提としての厳しいリハーサル。指揮者の脳内と、実際に音を出すオーケストラとの間には、ときとして言葉と、身振り、手振りによるメッセージの交流があってコンサートは成立する。

だが、何人かのすぐれた指揮者《マエストロ》（例えば、ピエール・モントゥー、オイゲン・ヨッフム）は、訊ねる私に向かって、異口同音に、

「一〇〇パーセント完璧なリハーサルはむしろ有害だ。前日までの合わせや、当日昼間の総練習《ゲネプロ》などで、音楽を、これでよし、本番もこの通り出来るように頼みます、などという水準まで仕上げてしまうと、実際の演奏は必ず面白くなくなる。良く言って〝無難〟という水準。何パーセントかの〝空白〟な部分、消化不良な部分を残しておいて、彼等に指揮者《マエストロ》は本番ではどういう指示を出すんだろう、と思わせておくのが、本番で緊張を維持するコツなんです」

と、その老練な指揮法の秘密を明かしてくれた。

ただ、その空白部分を、事前に計算した方法で埋めるのか、音楽の流れの中で成り行きで埋め

てしまうのか、はたまたその部分が木管楽器などのソロ部分などに当たる場合、奏者の自発性に賭けてしまうのかという重ねての質問は、二人から、

「それは演奏される音楽によりけりだ。言葉で説明なんかできる問題じゃないよ」

と、軽く躱《かわ》されてしまった。

だが私には、その場所に差しかかったそのときに、少なくともこの二人の音楽から客席に何かが迸《ほとばし》ったという実感がある。

　しかし更に、〝伝説の巨匠〟と評される人物にはそれを上廻る凄絶な裏話があった。

ミュンシュの悪魔のような笑み

「ミュンシュはリハーサル嫌いで有名な男だったけど、稀にリハーサルで完璧にオーケストラを仕上げたときでも、本番の最中《さなか》、悪魔のような笑みを浮かべて、愛用していたあの長い指揮棒を一閃、練習時とはまったく違う指示を出すことがあった。その結果、アンサンブルに乱れが生じようと、楽団員がミスを犯そうと、そんな瑣事《さじ》（?）は一切気に留めるふうがなかった。

　書かれている音符を物理的に正確に音にしているか――などということよりも、本番中、背後にいる聴衆の反応を正確に感じ取って、彼等に対して、その瞬間閃いた霊感を〝現実の音〟として提示するという音楽のメッセージ性を最優先に考えていたのではないか」（元アムステルダム〈現ロイヤル〉・コンセルトヘボー管弦楽団首席チェロ奏者ティボール・デ・マヒューラ）

〃瑣事《スモール・シングス》〃のあとに？を付したのは、この言葉を口にした彼が、ニヤリと笑いながら片目をつむったからである。客席に背を向け、棒を振って音楽造りをする指揮者にとっては〃瑣事〃かもしれないが、予期しない指示にうろたえて音を外しかねない楽団員にとってみれば命懸けだろう。決して〃スモール・シングス〃などといって澄ましていられる話ではない。

舞台裏の事情を知らない客席の側からすれば、それは明らかにオーケストラ側に生じた〃事故〃なのである。しかしマヒューラだけでなく、コンサートマスターのヘルマン・クレッバースのような名人技《ヴィルトウオーゾ》集団は、結構、こんなスリルを楽しんでいたらしい。

シャルル・ミュンシュ

時代が造り出した音

「フルトヴェングラーのリハーサルはとても厳しかった。しかし彼の指示や発言はことごとく理に適《かな》っていて、背後に深い学識と洞察力があったから、強烈な説得力があった。いつか、《エロイカ》の第二楽章（葬送行進曲）のリハーサルで、フルトヴェングラーが私達に、『感傷的に過ぎます。ここは涙のない悲歎なのです』と教えてくれた話を君にしたことがありましたね。たとえて言えば、そういうことなのです。だからわれわれは、喜んでそれに従い、彼と音楽《ムジチーレン》することによって自分自身の音楽性が向上する幸せを語り合ったものです。彼はリハーサルでも本番同様の集中力を要求したから、演奏がときには本番以上にエキサイトすることもありましたよ。

でも彼は、リハーサル時と同じ音楽を本番でやることは絶対《アブソリユートリー》になかった！　綿密を極めたリハーサルはリハーサルとして、本番では、新しい昨日出来てきた音楽に対するような新鮮なアプローチを要求しました。テンポもテンポ感も、リハーサル通りということはなくて、その日会場に漂っている音楽的な雰囲気に微妙に反応して、オーケストラの〝響き〟を自在にコントロールした。テンポを変え、楽器のバランスを変えることによって、私達オーケストラの音色が千変万化したのです。

例えば、ベートーヴェンの《第七交響曲》――君は、彼がベルリン・フィルハーモニーとやった一九四三年のライヴ録音を聴いたことがありますか。私も、彼とはあの曲を何回も弾いたことがあるけれど、アレグレットの第二楽章で、あれだけ悲痛な響きを出した記憶はない。

第二楽章の第一主題がヴィオラ、チェロとコントラバスの中・低弦三部で、祭壇に向かう祈りのようなテンポで出て来て、二七小節目からそのヴィオラとチェロが同じイ短調で対旋律を弾き出すのですが、これは絶望の中の第一変奏で、人間が必死に神の存在を確認しようとしている悲痛な願いのように私には聴こえる。

そして、二つの旋律が絡み合うような形で弦の総奏になる第三変奏で、フルトヴェングラーは、『神よ、あなたは私達を見捨てたのですね！』という絶望の想いをオーケストラに語らせている。

あの救いのない、一条《ひとすじ》の光明すらない痛切な響きは、演奏会の現場でしか造れない音です。リハーサルを何回やったって、どんな良い指揮者が指示したって、あんな響きは練習場では出せない。出せる音じゃない。

ベルリンに爆弾の雨が降って、ナチスの狂気がますますエスカレートして、明日という日が果たして訪れるのか――誰にも判らない。そんな中で必死にやっていた演奏会でしょう。

イ長調の第一楽章が終わって、第二楽章冒頭の二小節の木管の和声が（イ短調で）溜め息のように鳴ったとき、彼（フルトヴェングラー）の心の中に神への想いが閃いたんじゃないかな。『神は実在するのか。実在するとしたら、何故ここまでわれわれを苦しめるのか』って。

あの音は、私にはそういうふうに聴こえる。あれは、指揮台を仰ぎ見て、息をこらしながら魂の救済を求めているベルリンの聴衆の思い詰めた感情を全身で受け止めて、それに対する自分なりの回答を赤裸々にオーケストラにぶつけた結果出て来た音だと思う。彼は瞬間の閃きを、全身全霊を挙げて目の前の楽員達に伝えた。ベルリン・フィルの全員がフルトヴェングラーのメッセージを受け取り、共感して渾身の力演でそれに応えた。

あの響きは絶望と慟哭です。それ以外の何物でもない。準備とか計画をして出せる響きではない。思い付きなどで出せる音でもない。巡り会って、〝時と場所〟を共にした音楽家と聴き手が、目には見えない心の交流を通じて、あの瞬間に創り出した響きなのです。

おそらく生涯を通じてただ一度の経験になるのでしょうが、体験した誰もが、あの響きとあの日、あの時のことを、死ぬまで忘れないと思う。

でもあの現象は、フルトヴェングラーが指揮台に立ったから起こったことであって、仮りに同じ状況に置かれたとしても、彼にしか出来ないことです。あそこまでの経験は――幸いにというか、不幸にしてというか――私にはないが、彼の指揮棒のもとで何回も弾いたことのある私には、自信を持って断言できます。『あの響きは、フルトヴェングラーにしか出せません』と」（ヴィルヘルム・ヒューブナー）

歳月と国境を超えて

深夜、齢《よわい》八〇歳に近い音楽家は飽くことなく巨匠の想い出を語り続けた。そして、その席上、

「ウィーン・フィルとは、そんな響きを出したことがあるんでしょうか」

という私の質問に対して、

「第二次大戦中、うちのオーケストラと演奏した一九四四年と一九四五年の《「レオノーレ」序曲第三番》（ベートーヴェン）の最初の和音を、他の指揮者の録音と聴き比べてごらんよ」

という答えが返って来た。

更にヒューブナー自身の経験として、「戦後彼とスタジオで録音したベートーヴェン《第七》の第二楽章には、もう絶望や神への訴えの声はないよね。透明な、人の世の哀感をぼくたちは歌っている筈だ。でも、あれも忘れられない彼との時間だったな」という注釈がそれに続いた。

「忘れられない演奏」とは何なのか。「忘れ去られる」とはどういうことなのか。万人を納得させることができるような説明は難しい。しかし私は、カール・ベームの指揮振りについて、ミュンシュやフルトヴェングラーにおけるような挿話《エピソード》を耳にした記憶がない。

ＮＨＫのテレビ番組の中で、現コンサートマスターのライナー・キュッヒルが「マエストロ・ベームとウィーン・フィルハーモニーは格別な関係にありました。ベームのいないシーズンなど、考えられませんでした」と語っていた。それはそれで〝事実〟なのであろう。

「あれは本音ですか？」という私の質問に、キュッヒルは穏やかな微笑を返しただけで、遂に一言も言葉を発しなかったが、「答えられない」というのが本音だったと思う。

「時とともに忘れられてゆくのではないか」と思われる人気指揮者のひとりゲオルク・ショルティは、自伝の中で、「私はフルトヴェングラーのような即興は出来ないが」という一文を記している。文脈から想像して、彼がそのことを自らの才能の致命的欠陥と考えていた様子はない。

だが、〝閃き〟と〝霊感〟を遺伝子の中に具有した音楽家だけが、歳月を超え、時代や国境を超えてその名を歴史に刻むのではないかと、いま私は確信に似た想いを抱きはじめている。

第4章 カラヤン神話

催眠術師

――カラヤンという指揮者の、どこがいいのですか。

「彼は私達に、『自分は、この曲を、こんなふうに演奏したいんだ』という大枠を示して、その中では楽員に自由に弾かせてくれる。プレイヤーの自発性を邪魔しない。彼と一緒だと、いつも伸び伸びと、気持ちよく演奏ができる。

でも、なにもかもオーケストラ委せというわけではない。『こういうテンポで、こういう響きで』という指揮者としての要求は明快です。われわれが戸惑うなどということは一切ない。しかも、ショルティのように、メロディの端々《はしばし》、曲の隅々に至るまで自分の思い通りに弾かせようと強制したりしないから、終演後の気分も爽快です」（ロベルト・シャイバイン。元首席チェロ奏者）

「一つの曲はさまざまな要素から成り立っています。作曲者が、ここがいちばん強調したいところなんだ、という想いをこめて書いたクライマックス、その前後に配置された小さな〝山〟と〝谷〟、そして広がる〝野原〟、フルトヴェングラーがその著作の中で〈緊張と弛緩〉という表現で説明していることなんですが、カラヤンの音楽造りでは、そのメリハリが実に明快なんですね。オーケストラが自分達の音楽を自由にやっていい部分、そして『ここだ！』という乾坤一擲《けんこんいってき》の頂点、そのあたりの心配りが、どんな音楽についても行き届いています。だから、リハーサルでも本番でも、無駄な神経を使う必要がない。演奏する側にとっては、とても大切なことです」（ルドルフ・シュトレング。元首席ヴィオラ奏者）

「細々《こまごま》と指示されているわけではないから、私達は自分の音楽を気分良く弾いたつもりになっている。ところが終わってみると、これが一〇〇パーセント〝カラヤンの音楽〟になっているんですね。催眠術師みたいな人です、彼は」（ワルター・ヴェラー。元コンサートマスター）

指揮棒《タクト》の振りで無言の注意

一昔前のウィーン・フィル主力奏者達のカラヤン評は、こんな言葉に代表されると言っていいのではなかろうか。

ただ、カラヤンが同じオーストリア人（ザルツブルク生まれ）であり、一時期ウィーン・フィルの親元とも言えるウィーン国立歌劇場の音楽監督のポストにあった（一九五六〜六四年）とはいえ、彼の立場はこのオーケストラから見れば親密な客演指揮者に過ぎない。彼が音楽監督・常任指揮者を務めた（一九五五〜八九年）ベルリン・フィルハーモニー管弦楽団の第一コンサートマスターで、カラヤンの信任が篤かった安永徹から、私はこの大指揮者のより生々しい人間的魅力が窺える想い出話を聞かせてもらう機会があった。

オーケストラ・プレイヤー、特にリーダーの立場にいる安永の眼から見て、カラヤンの音楽能力は抜群であったという。演奏する楽曲は隅々まで頭に入っている。オペラのリハーサルの際など、カラヤンが出す譜面上の練習番号の指示が聞きとりにくかったり、彼が練習番号を告げた後、すぐに指揮を始める癖があるため、指揮棒が動いてから舞台上の歌手が唄い出すまでに一瞬〝間《ま》〟ができてしまうことがある。そんなときカラヤンは、総譜《スコア》も見ないで、間髪を入れず歌詞を指揮台から舞台に向けて原語で歌ってみせる。楽員も歌手達も、心服せざるをえない。

また、ベルリン・フィルといえども人間の集団であるから、全員が常に同じ心身の条件でリハーサルやコンサートに臨めるとは限らない。プライヴェートな問題を抱え、悩みを引きずったまま坐っている楽員もいる。そんな内面的なトラブルは必ず演奏に出るものであるが、それをそのまま見過ごすと、気分が周囲に伝染して演奏から緊張感が失なわれる危険性がある。

優秀な指揮者なら瞬時にしてそれを察知できるから、通常、指揮棒《タクト》を止めて口頭で注意したりするのであるが、カラヤンのやり方はちがう。スッと指揮棒の振りを小さくするのである。後部の席にいる楽員からは見えなくなるくらいの、小さな振り幅にしてしまう。

拍子を取る指揮棒の動きが見えにくくなるから、楽員は「あれ？　どうしたのか」と思う。演奏は続けられているが、オーケストラ内部の空気は微妙に変化する。すると、心ここにあらずという気持ちで弾いていた楽員は「ハッ！」とする。

「いかん。マエストロに見抜かれた」

そこで彼は気を取り直して、カラヤンの棒をしっかり見て、精神を音楽に集中する。とたんに指揮棒の振り幅がもとに戻る。

見事な人心管理術である。

「判っているぞ」というシグナルは送っても、奏者の面子《メンツ》は傷つけない。無言の注意を受けた本人は、「悪かったのは自分だ」と自覚しているから、指揮者に対して残る気持ちは、思いやりに対する感謝の気持ちだけである。

安永徹

ほぼ同じ時期にアメリカで成功を収めていたセル（クリーヴランド管）、ライナー（シカゴ響）、オーマンディ（フィラデルフィア管）などハンガリー系の名指揮者達が、楽員達から「殺しても飽き足らない」というほど憎まれ、怨嗟《えんさ》と恐怖の対象となっていたことを思うと、仮りに〝帝王〟〝独裁者〟などと蔭口を叩かれようと、カラヤンという指揮者は彼等より役者が一枚も二枚も上であったと言わざるをえない。

指揮と暗譜

カラヤンという指揮者が持っていた異常とも言い得る能力について、弟子筋と言っていい小澤征爾の体験談をもとに、もう少し語ってみたい。

指揮しているオペラの台詞《せりふ》を、原語で全部記憶していたという安永の話も凄かったが、小澤征爾が師カラヤンについて（彼はよく、カラヤン先生という言い方をする）、TVインタビューの中で話していた「師弟教育談議」の一幕も、それに劣らぬ〝神話的実体験〟である。

小澤がベルリン・フィルを振ったコンサートに（たしかブラームスの交響曲の話だったと思う）、カラヤンが姿を見せていた。演奏会のあとカラヤンは、当夜の演奏内容について小澤に総譜《スコア》を広げて、第一楽章の冒頭から終楽章の終結部まで、すべての小節について、「この楽句《フレーズ》がうまく行かなかったのは君の責任だが、次の小節で起きた問題はオーケストラ・サイドに原因があった。君の指揮のせいではない」というように詳細かつ的確な批評を下し、演奏評価と指導をしてくれたことがあったという。難曲で知られるバルトークの《弦・打楽器とチェレスタのための音楽》でも同様の出来事があったらしく、小澤は「テープに録《と》っておけばよかった！」としきりに悔んでいた。

総譜《スコア》に書かれたすべての音符が記憶されていて、しかも彼の理想とする音のイメージを伴なって脳中に保存されている。その仮想の響きに、フィルハーモニーホールで耳にした小澤のブラームスやバルトークが重ね合わされ、その差異がさまざまな評言としてカラヤンの口から奔り出て来る。驚嘆すべき高度の知的作業である。

「暗譜、暗譜と偉そうに言うけれど、音符をカタチとして記憶しているだけだったら、楽譜を前にして棒を振っても同じことだ。一所懸命譜面を思い出そうとして、眼が虚空を彷徨《さまよ》うような指揮をしたり、上と下（メロディとリズム）だけを音符で記憶していて、内声部の動きや和声進行（転調に伴う音色の変化など）を忘れ果てている指揮者が結構多い。そんな程度の暗譜だったら、『楽譜を見ながらでいいですから、音楽をキチンと振って下さい』と言いたいですね」

N響の篠崎史紀をはじめとする内外複数のコンサートマスターの、正直な感想である。

ハンス・フォン・ビューローが始め、強度の近眼だったトスカニーニが（生理的な理由から、やむなく）採用した暗譜による指揮法が、一種の流行《ファッション》となった。とにかくカッコがいい。「暗譜で振れるぐらい勉強して指揮台に登れ」とか、「譜面を見ると、楽員とのアイ・コンタクトが中断されるから」という実務上の理由で奨励されるようになった暗譜による指揮法が、いつのまにやら「暗譜で振るための暗譜」という、手段と目的を取り違えた形で世の中に広まってしまった。

イーゴリ・マルケヴィチが〝指揮法〟と〝暗譜法〟を科学的技法《テクニック》として整理・合理化し、教室や講習会《マスター・クラス》で修得可能な講義課目にまで洗練《リファイン》してしまってから（功労者であるマルケヴィチの意図から離れて）、流れが加速する。厳しい言い方をするオーケストラ・マンからは、「暗譜による指揮が一般化してからというもの、本来が内容把握のためになされるべき譜読みという、音楽家にとって最も大切な知的準備作業が形骸化して、ただの暗記のための時間になってしまった」という声まで出ているのが現在の（もちろんすべてではないが）、偽らざる姿である。

しかしリハーサルの際にも、閉じた総譜《スコア》を前に置いたまま、ほとんど手も触れず、暗譜でオーケストラに的確な指示を出して、日頃、楽員達を心服させている小澤征爾が、カラヤンの完璧な〝暗譜による批評と指導〟を経験して、モノも言えないぐらい感動した。上には上がいるものである。

余談になるが、ウィーン・フィルについて言えば、元楽団長のシュトラッサーと前にも触れたプリンツは、一九五〇年代の終わりにしばしば協演していた通称〝ギリシアの哲人〟ディミトリー・ミトロプーロスを高く評価していた。

「リハーサルの前夜、楽員名簿をホテルに届けさせて暗記し、翌朝の練習では奏者への呼びかけを名前で行なって、たちまちのうちに指揮者とオーケストラの間に信頼関係を築いた」という、伝説化した記憶力のことを懐かしそうに話してくれた折り、「彼ほど見事な暗譜力を持った人には出会ったことがない。彼の頭の中では、譜面に記された音符の一つひとつが、生きた音＝生命を持った響きとなって、常時、躍動していた」と、異口同音に付け加えるのを忘れなかった。

この人には、演奏会の朝、持ち込まれた新作の総譜《スコア》を、「サイズが大き過ぎて譜面台に載らない」と言って、ページをバラしてホール内の通路上に並べ、歩きながら全部記憶してリハーサルも本番もこなしてしまったという、とても現実の出来事とは思われない逸話まである。

カラヤンとも、強靭な暗譜力で定評のあるマゼールやアバドとも協演する機会の多かった筈のこの二人が、「生涯忘れられない」というほど記憶の底に刻みつけられたミトロプーロスの脳内の構造は、いったいどのようになっていたのであろうか。

音楽造りを奏者《プレイヤー》に委せる

〝帝王〟とか〝独裁者〟とか、生前、必ずしも好意的とは言えない称号を冠して名前を呼ばれていたカラヤンであったし、手兵ベルリン・フィルに対しては、「楽員一人ひとりが、担当するパートのみではなく、演奏しようとしている楽曲全体に精通することを求めていた」という（もとより、それが理想の姿であるが）、厳しい姿勢も伝えられている（リハーサル参観を許された評論家の談話）。

ディミトリー・ミトロプーロス

しかし安永徹の回顧談の中には、この人物の音楽的許容量というか、懐の深さを思い知らされる、現場で音楽を共にする奏者にしか味わえない実体験《ドキュメント》もあった。

冒頭のシャイバインの言葉にもあったように、カラヤンはオーケストラの自発性を尊重した人（というより、自発性を引き出すためにプレイヤーに楽曲全体の把握まで要求した人）である。そんな彼が、ベルリン・フィルのような名人揃いのオーケストラを振ったとき、曲中、木管の独奏部などで奏者が見事な演奏《ソロ》を披露したりすると、仮りに指揮者の表現意図と異なっている場合でもそれを許容し、本番中であっても直ちに曲の流れをその奏者に合わせてしまうことがあったという。ウィーン・フィルに対しても、同じ姿勢で臨んでいたのであろう。

もちろん抜群の指揮技術《バトン・テクニック》と、それに直ちに反応できる優秀なオーケストラあっての話であるが、私達は巨匠のこのような指揮から、改めて人使いの極意を教えられたような想いがするのである。

〝メジャー〟という形容詞を冠されるオーケストラには、練達、名うての奏者が数多《あまた》在籍している。安永の朋輩にも、オーボエのローター・コッホ、クラリネットのカール・ライスター、フルートのエマヌエル・パユやジェームス・ゴールウェイなど、単にオーケストラのスター・プレイヤーとして有名なだけでなく、その楽器の演奏史に名前を刻まれるであろうような名人が、ズラリと顔をそろえていた。

良いオーケストラを聴く楽しみのひとつに、こんな名人達の出番を待ち受け、ほとんどが秒単位のその瞬間の至福にこころ充たされ、胸中密かに満足感を嚙みしめるという、いささかネクラな鑑賞法がある。歌舞伎や古典演劇の名台詞《せりふ》や大見得を楽しむ芝居通をご想像下さいと言ったら、ご理解いただけるであろうか。

観客側の気持ちは奏者の側も心得ているから、聴かせ所が来れば、プレイヤーは張り切る。それが予想以上にうまくいったとき、カラヤンのような大指揮者がそのことを認めて音楽造りまで変えてくれた――客席にいるわれわれに判るようなことではないが、本人はもとより、一緒に弾いている楽員達にはそれが判る。プレイヤーにとっては、無上の幸せである。

「なるほど、こんどの事業《プロジェクト》、お前の言う通りやってみようか」と、皆の前で社長から肩を叩かれた幹部社員の心境に比すべきであろうか。安永徹からこの話を聞いたとき、私は、「カラヤンという男は、経営者としても国際的《グローバル》大企業の社長が務まる器量の持ち主だ」と感服した。

音楽家としての才能が何十年に一人という高さにあったことはいまさら言うまでもないが、蓄財の能力にも優れていたこと（一説によれば遺産は四億ドル）、権力指向が強く、ときとして目的のためには手段を選ばずといった処世術・保身術に長《た》けていたこと（戦前のナチス入党問題、自らの地位と名声を脅かしそうなライヴァルに対する仮借なき仕打ち――マルケヴィチ、サヴァリッシュ、チェリビダッケ、ショルティ、バーンスタイン、カルロス・クライバーなどの活動を妨害）などを取り上げて、死後もなおその行動に非をとなえ、「クラシック音楽界を汚染し、没落を早めた男」呼ばわりを辞さない論説・文献がいまだに世界各地で上梓され続けている。特にわが日本の評論界、高度の鑑賞能力を持つ音楽愛好家の間でその傾向が強い。

頭文字「K《カー》」

だが、その肉体が地球上から消えてなお、見えざる屍《しかばね》に向かって鞭が振り降ろされるという、その存在感の重さを何と表現したらよいのであろうか。しかも他方、彼の功績を称え、顕彰する声もそれに劣らず大きいのである（ウィーン国立歌劇場正面右隣の〝カラヤン広場《プラッツ》〟、東京はサントリーホール前の〝カラヤン広場〟）。

いささか余談にわたるが、わが国には事を成すに当たって「やり方が汚い」という表現があり、もちろん心情的にではあるが、事柄の成否よりも、それを遂行する際の方法の倫理性に価値判断を置く傾向があるように思われてならない。私はそれを〝手段《プロセス》の美学〟と呼ぶことにしているが、政治・経済・文化＝いずこの世界においても、覇権を手中にする方法は〝美学〟ではなく、才能と〝力学〟である。

フルトヴェングラーも、生前、自らの足許を脅やかす存在になりかねない青年指揮者カラヤンを嫌い抜き、眼の届く範囲内でこの将来のライヴァルの音楽が鳴ることを許さなかった。名前を口にすることをも避けて、頭文字「Ｋ《カー》」と称していた挿話《エピソード》は有名である。

フルトヴェングラーに次いでわが国で信者の多いハンス・クナッパーツブッシュが、ナチスによるユダヤ人狩りに便乗し、ワルター追放劇に一役買ったという話も、あちらでは広く流布されている噂話である。否定する研究書もあるし、日本のクナ・ファンの中には、巨匠を神聖化して、「彼がそんなことをする筈がない」と弁護する向きもあるが、真相は藪の中。当のワルター自身がベートーヴェンやワーグナーの生き方とその音楽を評して、「その人の生き方と芸術作品の価値には、直接的関連はない」と、ＴＶのインタビューで語っているのだから世話はない。

長い苦悩の末に

音楽家として、ウィーン、ベルリン、ミラノ、パリ、ロンドンなど、ヨーロッパの主要都市で重要なポストを歴任し、海の彼方のアメリカからもお招《よ》びがかかる（シカゴ響音楽監督、就任辞退）という、わが世の春を謳歌したカラヤンであったが、晩年、女流クラリネット奏者ザビーネ・マイヤーの入団問題をめぐって楽団側と対立、両者の信頼関係に罅《ひび》が入った。

更に、手兵ベルリン・フィルとの極東演奏旅行にあたって、カラヤンが自分の映像会社のビデオ放映権をコンサート・ツアーと抱き合わせで売り付け私腹を肥やしていたことが発覚して、亀裂は決定的となる。彼は終身音楽監督・常任指揮者のポストを降りて、ベルリンを去った。そして一九八九年七月一六日、日本の企業家と自宅で会談中に体調不良を訴え、日ならずして帰らぬ人となる（享年八一）。

比類のない存在感を残して去ったヘルベルト・フォン・カラヤン（ユニバーサルミュージック提供）

二〇〇二年の早春、NHK・TVは、「夢伝説」という歴史上のスターの素顔を描く番組でカラヤンを取り上げ、放映した。そして番組の終盤、共演者として親密な関係にあった歌手のクリスタ・ルートヴィヒが登場した回想シーンは、それを観た人の胸に、何とも重苦しい〝問いかけ〟を残した。

「ザルツブルクの音楽祭で、隣り合わせに坐ったカラヤンが言ったんです。『誰かが死ぬと世間ではよく、彼は長い苦悩の末に亡くなったと言うだろう。もし私が死ぬようなことがあれば、それにピッタリだ』と。私は言葉に詰まってしまいました」

話した当事者がカラヤンであるだけに、人生における栄光の本質について、これほど考えさせられる言葉も少ないように思う。

最後の舞台《ステージ》

ベルリン・フィルとの関係が円滑さを欠くようになった八〇年代の初頭から、カラヤンはウィーン・フィルの指揮台に立つことが多くなった。

八二年の暮、カラヤンは自分のオーケストラであるベルリン・フィルとのすべての演奏旅行、音楽ソフトの制作契約をキャンセルし、翌々年、八四年の六月にはオーケストラ側《サイド》がカラヤンとのレコーディング契約を破棄した。両者の関係は泥沼化の様相を呈する。

その後、和解の動きもあったが、信頼関係が旧に復することはなかった。一九八七年一月一日、ウィーン・フィルはニューイヤー・コンサートの指揮者としてカラヤンを招く。彼が正式にベルリン・フィルハーモニー管弦楽団音楽監督・常任指揮者の辞表を提出したのは一九八九年四月二四日であるが、前日の二三日、カラヤンは、ウィーン・フィルと地元ウィーンで公演を行なっている。曲目はブルックナーの《交響曲第七番》だった。

「まだやりたいこと、やらなくてはならないことがたくさんある」とクリスタ・ルートヴィヒに話していたというカラヤンだが、その日が半世紀にあまる歳月、親密な関係を維持し続けて来たウィーン・フィルとのラスト・コンサート、そしてこの巨匠最後の舞台《ステージ》となった。

同じ時期に、その曲が楽友協会の大ホールで録音され、ＣＤ化されて発売《リリース》されている。《第七番》に限らず、わが国の音楽評論家はカラヤンの振るブルックナーに対して、「彫琢《ちょうたく》巧を極め、音楽作りが華麗に過ぎる」として点が辛いが（ギュンター・ヴァントや朝比奈隆のような蒼古、朴訥《ぼくとつ》にして内面的な演奏がこの国では好まれる）、去る年、日本を訪れたウェルナー・トリップ夫妻が、「あなた方に聴いてもらいたいＣＤがある」と、わが家に残してくれた一枚がその録音だった。「あのコンサート、私達も、一緒に行った友人も、聴きながら泣いたんですよ」と、カレン夫人が手渡すとき言葉を添えた。

カラヤン・サウンド

カラヤンの辞任後、ベルリン・フィル芸術監督の後任（クラウディオ・アバド）が選出されたのは、約半年経った一〇月八日のことである。死後、すでに三ケ月に近い月日が流れていた。

晩節を全うすること能わず、栄光のポストを石もて追わるる如く去ったカラヤンであるが、この巨匠を失なったあと、クラシック・レコード業界は、急坂を転がり落ちるが如く売り上げを落とし、一挙に冬の時代を迎える。

バーンスタインでは失地の数パーセントを埋めるのがやっと。アバド、ムーティ、メータといった中堅指揮者のCDでは、何千枚かせいぜい一～二万枚という単位でしか売り上げが立たない。カラヤンの全盛時代、ベートーヴェンなら六桁の数字で企画を進めることが可能だった。《アダージョ・カラヤン》という没後出たオムニバスCDなど、あわや七桁というところまで売り上げを伸ばしたのである。

二〇世紀も終わろうかという一九九〇年代の十年間、落日の悲哀を味わわされたクラシック・レコード界であるが、業績不振の直接の原因を、一九八九年夏の巨匠カラヤン急逝に帰する意見はさすがに少ない。

しかし一九五〇年代、LPという、当時としては革新的な録音媒体（長時間・低雑音・非破損・軽量）の開発を待ちわびていたようにスター街道驀進を開始し、六〇年代・七〇年代のステレオ・ブームを最大限に利用してクラシック音楽の普及と大衆化を加速させたこの人の名なくして、この時期の音楽シーンを語ることは不可能である。

しかも彼は、七〇年代半ばにデジタル録音＝CDが登場するや、「ニュアンスの表現に難あり」とか、「音が冷た過ぎる」という守旧的アナログ派の情緒的メディア批判には目もくれず、新技術の持つ先進性に着目して、徹底的にこれを利用した。

いまにして思えば、巷間〝カラヤン・サウンド〟と呼ばれた比類のない豊麗なオーケストラの響きは、音楽家カラヤンの嗜好の変化というより、細部の描写力に秀れる反面、やや厚味の表現に難のある当時のデジタル録音技術に対応した、演奏家サイドの音造りであったのかもしれない。吉田秀和氏が「忘れ難い」と讃辞をおくっておられるブルックナーの《交響曲第八番》（ウィーン・フィル、一九八八年録音）や、前述の《第七番》を聴き直すたびに、私はそのような想いに捉われる。

第二次世界大戦をはさむ時期に活躍したアメリカの指揮者レオポルド・ストコフスキーを除いて、科学技術の発達にこれだけ深い関心と理解を示した音楽家はかつてなかった。積極的関わりの理由の中に蓄財目的があったり、覇権確立への野望があったとしても、この人の成し遂げた業績への評価は、いささかも揺らぐことはない、と私は思う。

二一世紀に入って、ＤＶＤをはじめとする新しい音響・映像のメディアは更に一段と、飛躍への助走態勢にある。しかしいま、クラシック音楽の世界には、いちばん大切なソフトウェアの担い手がいない。画期的新技術が次々と世に紹介されているのに、それに〝知的好奇心〟を寄せる一流音楽家は、私の知るかぎり皆無である。カラヤンの死は、レコード業界斜陽化の、単なる象徴ではない。

第5章　小澤征爾登場の意味するもの

ニューイヤー・コンサート

私のウィーン・フィル・ニューイヤー体験は唯一度、一九六三年暮の大晦日《ジルベスター》コンサートと翌日の新年《ニューイヤー》――だから「一度」と言うべきか、「二度」と言っていいのか――いささか戸惑いの気持ちがある。

ドイツの銀行に研修留学中であった私と友人のために、ウィーンの国立音大に在籍していたソプラノ歌手・片野坂栄子達が徹夜で窓口に並び、手に入れてくれた貴重な入場券《チケット》であった。

券面には一二月三一日の日付が入っていた。「ジルベスター・コンサートのあと、楽員達は徹夜で飲むから翌朝はへべれけ。だから大晦日の方が良い演奏が聴けるのよ」というのが、片野坂の日にち選択についてのコメントであった。コンサートマスターのウィリー・ボスコフスキーがワルツ王ヨハン・シュトラウスのスタイルを踏襲して〝弾き振り〟をしていた時代で、テレビ中継やライヴ・レコーディングも行なわれていなかったから、オーケストラものんびり構えていたのであろう。

遠い昔のことだから、曲や演奏スタイルについて、感想は薄れている。だが、とにかく面白かった。〝華《ハナ》〟とオーラの持ち主であったボスコフスキーの所作に魅せられた私は、また聴きたくなって翌朝コンサート会場になっている楽友協会《ムジークフエライン》を訪れ、入口に立っていた守衛（と覚しき人物）に近寄るなり、必死の思いで訴えた。

「遠い日本国からはるばるニューイヤー・コンサートを聴きたくてやって来た。しかし入場券がない。なんとかならないだろうか」

精一杯の哀願である。「日本国から」というのは、いまにして想えば大袈裟だったと思う。

「若者よ。汝は一五〇シリングの持ち合わせがあるか。気の毒だから、特別席を設《しつら》えてやってもいいのだが」

思いもかけない返事が、長身の男の口から返って来た。物事はやってみるものである。件《くだん》の人物は私を裏口から誘《いざな》い、一脚の木製の椅子を客席の通路に置くと、「楽しみな！《フイール・シユパツス》」と軽く肩を叩いて忽ち消えてしまった。一五〇シリング（当時約二一〇〇円）の紙幣はしっかりポケットに入れていたから、「あれは天下公認の副収入《サイド・ビジネス》であったのかもしれない」と、いまでも思っている。

渦巻く賛否両論

そんな楽しい、何となくうしろめたい記憶を胸にしながら、私は毎年ニューイヤー・コンサートを衛星中継で視聴し、同時にしっかりと録画するのを年頭の一行事としている。

小澤征爾の登場した二〇〇二年元旦も例年と変わらなかった。ＮＨＫ・ＢＳで実況中継されたコンサートの映像を録画しながら観了ったのだが、その夜は電源を切り、画面をオフにするかしないかのうちに電話がかかって来た。友人の若手音楽評論家からである。

「全部ごらんになりましたか？」

口調に軽い棘《とげ》がある。単に「最初から最後まで観たか」という質問でないことはすぐに解った。

「観ましたよ」

「ぼくは途中でテレビを消しました」

「どうして……」

「ガマンできませんでした。あんなに楽句《フレーズ》の隅から隅まで振ったんじゃ、息苦しくて観ていられませんよ。音楽も息苦しい。相手はウィーン・フィルで、曲がシュトラウス一家でしょう」

要するに、オーケストラにもっと自主性を持たせるべきだ。彼等のやりたいようにやらせた方がウィンナー・ワルツやポルカは楽しくなる。日本人である小澤が表面に出れば出るほど音楽は流麗さを失ない、「らしくなくなる」と彼は言うのである。

「久し振りのニューイヤーでしたけど、とても素敵でしたよ。小澤さん、良くおやりになったと思います。ボスコフスキー時代のような〝遊び〟はなかったけど、行ってよかったと思います」

こちらは、ウィーンを再訪、実演に触れた片野坂栄子の帰国後の感想である。

音楽家にとっての頂点

小澤征爾のウィーン国立歌劇場音楽監督就任の報道は、わが国の音楽界にとって、稀に見るビッグ・ニュースであった。洋楽渡来一二〇年、最大の快挙と言ってもいいのではなかろうか。

クラシック音楽の世界、特に指揮者というタイトルを持つ音楽家にとって、〝頂点〟と称されるポストがいくつかある。〝三大〟とか、〝五大〟とか言われている交響管弦楽団と歌劇場の常任指揮者、音楽監督などの地位である。かつてヘルベルト・フォン・カラヤンはその複数を手にして〝帝王〟の名を冠せられた。

賛否両論渦巻いた小澤征爾のニューイヤー・コンサート

オーケストラでは、まずベルリン・フィルハーモニー管弦楽団。歴史は新しいが（創立一八八二年五月）、指揮芸術確立の先駆者ハンス・フォン・ビューローが一八八七年から九三年まで常任として基礎を築き、一八九五年から一九二二年まで君臨したハンガリア出身のアルトゥール・ニキシュが、楽団の技倆をヨーロッパ随一（ということは、当時としては世界一）の水準まで高めた。後継者がフルトヴェングラーであり、カラヤンがその後を襲うことになる。

第二次大戦後、激化した米・ソの冷戦＝東西対立が、このオーケストラの存在を格別に際立ったものとした。東独の中の陸の孤島となった旧ドイツ帝国の首都ベルリンを、西側は自由世界繁栄のショー・ウィンドウとして飾り立てようと全力を傾注する。こうした国際政治の渦中にあって、ベルリン・フィルハーモニー管弦楽団は常に世界最高峰であり続けることが必要であった。

西側にとって幸運だったのは、そのときカラヤンという世紀のスーパー・スターが居合わせたことである。楽員の給与水準を高めて有名なプレイヤーを喚《よ》び集め、「原型をとどめ得たのは客席の椅子一脚」とまで言われるほど連合国の空爆で破壊し尽くされたオーケストラの本拠地・旧フィルハーモニーホールを、一九六一年に再建した。

東京のサントリーホールの原型とも称される葡萄畑型《ワインヤード》のコンサート会場（通称カラヤン・サーカス。ラテン語でツィルクス・カラヤニと呼ぶ人もヨーロッパには多い。ちなみに、カラヤンの血統はギリシア。ゲルマンの血は一滴も入っていない）である。

ヨーロッパでベルリン・フィルと並ぶ実力と名声を兼ね備えているのはウィーン・フィルとオランダの名門、ロイヤル（旧アムステルダム）・コンセルトヘボー管弦楽団であるが、前者は一九三三年以来常任を置かない運営体制を採っており、後者はウィーン、ベルリンと比べると、紙一《ひと》重《え》の差で地味な存在である。

アメリカのシカゴ交響楽団、ロシアのサンクトペテルブルク（旧レニングラード）・フィルハーモニー交響楽団の常任指揮者・音楽監督といったポストも楽界最高峰のひとつであるが、ベルリン・フィル常任という地位と言葉の重みにはいま一歩。フルトヴェングラー、カラヤンという二人の巨人の存在が、死後も、何十年という歳月、手兵であったオーケストラの名声と社会的権威を決定づけている。この事実は、「伝統とは何か。文化とは何か」という問いに対する無言の回答でもある。

歌劇場のランク付けを話題にするとき、音楽関係者のほぼ全員がウィーン国立とミラノ・スカラ座を双璧に挙げる。〝三大歌劇場〟となると、イギリス人はロンドンのコヴェントガーデン王立歌劇場を、アメリカの愛好家はニューヨーク・メトロポリタン歌劇場をそれに加えるが、歴史と伝統、音楽監督や指揮者・演出家の顔触れ、登場した歌手達のレヴェルを勘案すれば、「首位が二つあって、三位なし」という巷の評に黙って頷くほかはない。

劇場として重ねた歳月の質と量もさることながら、イタリアにはロッシーニ、ヴェルディ、プッチーニをはじめとする綺羅星のごとき作曲家群がおり、ドイツ・オーストリアにはモーツァルト、そしてワーグナーやリヒャルト・シュトラウスなどの名作が目白押しである。母国語のオペラで演《だ》し物の主軸が作れるという、文字通り、地の利を生かした強味は磐石《ばんじゃく》で、この一事に関する限り、仏、露、英、米、その他の諸国は、未来永劫太刀打ちができないであろう。

加うるにもうひとつ、無視するわけにはいかないのが客層の違いである。

わが国でも古来、「芸人の業《わざ》は、常連の旦那衆によって磨かれるもの」と相場が決まっていた。質の高い鑑識眼を持ち、優れた耳を持つ客席の存在は、一流歌劇場にとって、水準の維持、向上のためには絶対とも言うべき必要条件である。ある季節、観光客が大半を占めようと、そんなことはたいした問題ではない。好きで、しかも評価の厳しい常連と公正な批評家、そしてそれを正しく伝えるメディアがあれば、公演のレヴェルは決して下がらない。

こうしてみると、就任時六七歳の日本人・小澤征爾が手中にしたポストは、ひとり音楽の世界にとどまらず、これまでに日本人が国際社会の中で手にすることができた最高の地位と言っても、言い過ぎにはならないのではないか。

二〇〇二年の正月、衛星中継で彼の指揮振りを観ながら、「二一世紀の初頭、バブル崩壊の余波に苦しみ、気持ちまで矮小化しかけている日本人に勇気と希望を与えてくれた最大の功労者は、野球のイチローとウィーンの小澤征爾だ」と思わず呟いてしまった。

ワルツ独得のリズムの揺れ

当の二〇〇二年のニューイヤー・コンサートについて、若手評論家と国際的ソプラノ歌手の評価が真二つに分かれたが、新聞・雑誌の評論や紹介記事のニュアンスもさまざまであった。

評論界の大御所・吉田秀和氏は小澤の指揮を朝日新聞紙上で絶讃し、前の年に登場したニコラウス・アーノンクールを「つまらなかった」と、一刀のもとに切り捨てた。

だが、「現地で聴いたんですが、アーノンクールとウィーン・フィルのコンビには、匂い立つような気品が感じられました。小澤さんの指揮には、テレビで観た限りですが、あの気品は備わっていないみたい」（ピアニスト・西野真由）という評価もある。

〈実は今年のニューイヤー・コンサートでも、小澤さんはワルツ独得の微妙なリズムのゆれがうまくできずに、テレビが入っていない日は一曲終るごとにコンサートマスターが隅っこに呼んで指導。険悪なムードで、廊下ですれ違った団員も肩をすくめる始末でした。放映された時のうって変わった和やかさは、双方が歩み寄った末の営業用スマイルでしょ〉（音楽関係者）という『週刊新潮』の記事は、事柄の真偽は別として、最も厳しい報道であった。この週刊誌は、コンサート直後にも曲目の編成に批判的な評論家の言い分を載せ、〈ワルツのような本場物の難しいものは極力避けて〉と、いかにも小澤が安全運転に徹し、真剣勝負を避けたみたいな論評を加えたが、当夜、最大の呼び物のひとつだったワルツの《ウィーン気質《かたぎ》》は小澤の強い希望で加えられたプログラムであったし、演奏もまた出色であった（発売されている録画で、この曲終了後小澤と握手を交わしているコンサートマスター、ライナー・キュッヒルの表情を見れば、彼が心から演奏に満足していることが判る。キュッヒルは、なかなかこんな嬉しそうな顔はしない人である）。

とはいえ私は、小澤の指揮に批判的な音楽関係者の意見がすべて誤りであるとは思わない。あえて反論しようとも思わない。例えば、二〇〇二年のニューイヤー・コンサートのCDなりDVDなりを、何年か前のカルロス・クライバーのそれと観比べ、聴き比べてみれば、「要するに、役者が違うのだ」としか、言葉を発し得ないからである（例えば、《喜歌劇「こうもり」序曲》を演ずるオーケストラの息使いと間合いの差）。

また残念ながら映像は市販されていないが、一九七〇年代まで一世を風靡したウィリー・ボスコフスキー弾き振りのライヴをCDによる再発盤（オリジナルはLP）で再生してみて、私は思わず、「世の中、ツマラナくなった！」と長嘆息した。リズムの軽妙さと楽句《フレーズ》の唱いまわし、その洒落《しゃれ》っ気を何と評したらいいのか……。ハプスブルク末期の文化の特色である〝優雅な〟とか、〝耽美〟という言葉の意味を実感できたのはこの時代までである。

時代も人も変わった

いつだったか、ヴィルヘルム・ヒューブナーに、「テレビでカルロス・クライバーを観たが最高だった」と感想を述べたことがあった。そのとき、老楽士はニコリともせずに切り返して来た。

「お前は、ボスコフスキーとわれわれのニューイヤーを観たことはないのか」

「六二年の大晦日と六三年の新年、接する機会があった」と答えると、彼は間髪を入れず、「じゃ、それでいい。もうニューイヤーには来るな」と、吐き捨てるように言い放った。
普段愛想がよく、人なつっこいヒューブナーから、珍しくキツイ口調で言われてしまったので、印象はきわめて強烈であった。

こんな〝過去〟を価値判断の物指しとして〝現在〟を批判したら、ひとり小澤征爾にとどまらず、今後、ウィーン・フィルのニューイヤー・コンサートの指揮台に立てる人は誰もいなくなってしまうだろう。時代も、趣味も、人もまた変わったのである。

カルロス・クライバー（ユニバーサルミュージック提供）

だが現実問題として、吉田氏が批判したアーノンクールのCDは、月間数万枚という好調な売れ行きを示して、二〇〇一年年頭のプラチナ・ディスク受賞盤となったし（二〇〇三年のニューイヤーはアーノンクールの再登場）、二〇〇二年の小澤盤に至ってははるかにそれを抜き、発売後二〜三ケ月にして七〇万枚とか、一〇〇万枚とか、クラシック音楽の世界では考えられない売れ行きを示したという。

CDが売れたからそれでいい、と言うつもりはない。

〝附和雷同〟という言葉があるが、わが国ではテレビに映ったり、全国紙で報道されただけでニュース性と真価を取り違え、「一度観ておかねば」とか「ぜひ一度は聴いておかねば」と、コンサート会場に殺到したり、レコード店に走ったりする客層が結構多い。自らの知的関心や楽しみのためでなく、知人・友人との話題確保が主要な動機である。

「小澤のCDがたくさん売れるのは悪いことじゃないけれど、この国のクラシック・ファンがそれで増えるかっていうと、ほとんど関係ないっていうのが実状じゃないでしょうか」と、淡々とした口調で私に語ったのは、マネジメント会社社長の高澤弘道氏である。


小澤征爾のウィーン・フィル・ニューイヤー・コンサートの指揮者起用は、日本洋楽史上に特筆大書されて然るべき歴史的事件であった。それだけに（嬉しいことに、ヨーロッパでもよく売れているようであるが）、あまりにも爆発的なCDの売れ行きがかえって気になる。

二〇〇二年の成功からみて、小澤には必ず二度目、三度目のチャンスが巡って来るだろうと思う。コンサート・チケットの売れ行きは二〇〇パーセント心配ないであろうが、次に指揮台に立ったとき、ライヴ録音のCDが果たして何枚売れるか。

そして、二〇〇二年にこれだけ売れたCDが、これから何年間、購入した当の愛好家に聴かれるのか。更にクライバーやボスコフスキーのそれのように、再発、再々発が繰り返され、新規の購買層を発掘し続けることができるのか。私にはいまそれを予言する勇気がない。決めることができるのは時の流れ——歳月の積み重ねだけである。

「ぼくはモルモットなんです」

小澤征爾は至るところで、

「ぼくはモルモットなんです」

と言い続けている。

彼に言わせれば、日本という国に洋楽が伝来してから僅か百二十年あまりの歳月しか経っていない。しかも国境を接し、人びとの往来が日常的なヨーロッパ大陸とは異なり、かつては万里の波濤を越え、数十日の舟旅の労苦を以てしなければ到達しえなかった極東《ファー・イースト》、言語も風俗も異なる、文字通りの異境としか称し得ない島国が日本である。旧満州帝国で生を享《う》け、日本において音楽の基礎教育を受けた一青年が、遠い西洋の歴史と伝統がはぐくみ育ててきた音楽という芸術によって、どこまで本場の人びとを感動させることができるか——厳密な意味における〝試金石第一号〟としての自負が、小澤に「モルモット」という言葉を吐かせているのであろう。

日本の音楽家の先頭を走り続ける小澤征爾

前記の高澤弘道氏には持論がある。

「いま、日本人の演奏家が一人も海外に行かなくなったと仮定して、ヨーロッパやアメリカの音楽界がどのくらい困りますかねえ。影響は限りなくゼロに近いんじゃないかと思いますよ。もちろん小澤、内田（光子）、五嶋（みどり）といった、名実共に一級品を含んでの話です。小澤は別として、内田と五嶋が『日本人か』と問い詰められれば返事に窮しますが。仮りに『イエス』としても、結論は同じです。

反対に、海外から演奏家が一人も日本に来なくなったとしたら、この国の音楽界、音楽産業はどうなりますか。どのくらいもっと思いますか」

青雲の志を抱いてこの業界に飛び込み、苦節何十年という経歴の持ち主であるだけに、経験と実感を踏まえての発言には重みがある。初めてお目にかかったのは二〇年あまり前のことであるが、その頃は彼自身、まだ「日本人音楽家・輸出企業の旗手」を自任しておられた。

私は、最近、高澤氏にそう問い詰められたとき、

「どのくらいもつかと言われても……。そうですね。一年ぐらいは何とかなるかしら」

と答えるのが精一杯であった。

クラシック音楽という分野について言えば、欧米対日本の隔差はいまだかくの如しである。

こんな苛烈としか言いようのない客観情勢の中で、小澤征爾は音楽に生きる道を選ぶ者なら、等しく夢見、仰ぎ見てやまないポストをわがものとした。高澤氏の言う通り、仮りに小澤がいなくても誰かが手に入れたであろうし、狙っている無数の才能が犇《ひしめ》きあっているのが世界の現状ではあるが、とにかく日本人の指揮者が、史上初めてクラシック音楽界の頂点のひとつを極めたという事実は、事実として、記録に留める価値があると思う。

決して手を抜かない

巷間、小澤のウィーン国立歌劇場音楽監督就任について、さまざまな噂が囁かれている。曰く、「日本人観光客の誘致策だ」。曰く、「日本の大手国際企業が、政府補助金の削減で苦況に陥っている国立歌劇場に、巨額の賛助金拠出を承諾した。小澤の音楽監督就任が条件（少なくとも暗黙の諒解事項）である」等々。

事実か、単なる嫉妬心にもとづく噂の類いなのか、私には判らない。だが、そのようなことをいかにも事情通の如く口になさる向きに、お訊ねしたいことがある。もし賛助金拠出の件が事実であるとしても、「小澤征爾以外の指揮者に、一流企業が（おそらくは年間億単位の）大金を拠出することがありうるか」という質問、それから、「仮りにそれらの企業が、金を出す、と言ったとしても、歌劇場サイド、ウィーンの音楽界が、現在、小澤征爾以外の日本人指揮者の受け容れに首をタテに振るか」という仮定の設問である。

私自身の意見は、あえて書かない。

「小澤の音楽は好きか？」という質問をよく受けるが、「小澤ファンとは言えないだろう。だが機会に恵まれれば、彼の指揮するオペラやコンサートには足を運ぶ。費した時間と金に見合った見返りは必ず得られるから」と答えることにしている。

魂が震えるような感動を味わった記憶はただ一度だけだが、忘れられない響き、息を呑むような瞬間には何度か出会った。

そして、これはとても大切なことだと思うのだが、「今回は小澤、手を抜いたな」とか、「周囲の事情に妥協せざるをえなかったんだな」という感じを抱かされたコンサートは、彼の場合、一度もない。最初の舞台姿に接したのが確か一九五九年、ブザンソンの国際指揮者コンクールに優勝した記念に分裂以前の日本フィルハーモニー管弦楽団を振った、いわゆる凱旋公演だったから、もう四〇年を超える歳月が音楽家である彼と、聴衆のひとりである私との間には流れている。

「異和感なし」

「小澤さんが来年のニューイヤー・コンサートを振るんですね」と話しかけたとき、黙したまま私から眼を逸《そ》らせたウィーン・フィルの団員がいた。「国立歌劇場《スターツオパー》の音楽監督《シェフ》というポストに来年の秋からマエストロ・オザワが就くんですね」という言葉を、聞こえない振りをしてサラリと受け流した有力団員もいた。二〇〇一年の早春、ウィーン訪問の折りに味わった体験の一部、事実談である。

あちらの人は、相手の発言の趣旨が聞き取れなかったときは、必ず「Ｗｉｅ《ヴィー》　Ｂｉｔｔｅ《ビッテ》」または簡略化して「Ｂｉｔｔｅ《ビッテ》」、つまり「すみません。もう一度おっしゃっていただけませんか」と聞き返すのが常だから、こちらの問いに何も答えないという反応は予想外であった。

ＴＶ放映のあと、「首席クラリネットのオッテンザマーなんか、コンサートの間、一度も小澤の顔も手も見ていなかったじゃないか」と苦笑した業界関係者がいた。気になった私は、オッテンザマー本人が来日した折り、「ニューイヤー・コンサートで小澤が振ったんだけど、木管の中心人物のひとりとして気分はどうだったの」と訊ねてみた。返って来た言葉は、「楽しかった。別に何の異和感もなかったよ。これからも仲良くやっていけると思う」という、極めて肯定的なコメントであった。

テレビの画面でときどき映る奏者《プレイヤー》のそのときの表情や眼の動きを見ただけで、一般論として物事を決めつけるのは危険である。ちなみにオッテンザマーは名プレイヤーであるだけでなく、企画力・事務能力にも秀でた人で、お世辞や社交辞令は金輪際口にしない誠実な男である。

「彼の指揮で、音楽的な異和感を味わったことは一度もなかった」と、静かな口調で言い切った名クラリネット奏者がもう一人いた。

二〇〇一年、突然、来日したアルフレッド・プリンツである。彼の五〇年に及ぶキャリアには、フルトヴェングラー、ワルター、クナッパーツブッシュ、ベーム、カラヤンなど、目も眩《くら》まんばかりの歴史的巨匠との協演歴が刻まれている。彼は小澤とも何度も協演したことがあるが、まったく異和感はなかったという。「異和感なし」という単純明快な語彙が、この人の口から出ると底光りを放つ。

プリンツやオッテンザマーのような音楽家はもちろんであるが、小澤の指揮や音楽監督就任にやや斜にかまえる姿勢をとっている楽員達も、彼の指揮者としての力量には一点の疑いも持っていない。不正確、不明瞭、不勉強——指揮者について語るとき楽員の口から発せられる慣用語を、私は海外一流オーケストラの主力奏者から、こと小澤征爾に対する批判的言辞として耳にしたことがない。楽曲解釈への疑義、人間としての好き嫌いはあって当然である。フルトヴェングラーにも、トスカニーニにも、もちろんカラヤンにも敵があり、味方があった。

ヨーロッパ・クラシック音楽の文法

小澤征爾ほど、「自分は日本人である。西欧クラシック音楽の世界における異邦人である」という言葉を、頻繁に口にする音楽家も珍しい。

西欧クラシック音楽は、一見とっつきやすそうでいて、真髄を究めようと近寄れば近寄るほどその奥は深く、頂《いただき》もまた無限に近い高さをもつ芸術である。

「ベートーヴェンは、ドイツ語で音楽を書いていますからね。どうしてもわれわれ日本人のアプローチには限界があるんです」

と、演奏の難しさを新聞のインタビューで告白していた中堅指揮者がいた。そのことをイヤというほど思い知らされ、痛切な自覚の上に自らの音楽造りを積み重ねて来た一群の日本人音楽家の、いま先頭に立っているのが彼――小澤征爾なのだと、私は考えている。

若き日の小澤征爾

小澤は天才的な音楽的感性と並外れた集中力、加うるに優れた反射神経の持ち主である。ピアニストを目指して修業を続けたが、在日していた巨匠、レオニード・クロイツァーの弾き振りによるベートーヴェンの《皇帝協奏曲》に接して、指揮者志望に人生航路の舵を切り換える。中学校三年生のときであった。

新設された桐朋学園の作曲・指揮科に入学したが、生徒は小澤ひとり。そこで性格の激しさと、厳格な精神的姿勢をもって鳴る名教師・斎藤秀雄に、文字通り、マン・ツウ・マンのレッスンを受ける。罵声に耐え、投げつけられてバラバラになった総譜《スコア》を泣きながら揃えるといった師弟・一対一の凄絶な歳月を送ったのち海外に渡り、ブザンソンで催された国際指揮者コンクールに応募して、いきなり優勝を攫《さら》ってしまう。ときに一九五九年、小澤は二四歳であった。

斎藤式音楽教育の基本は、「学生にヨーロッパ・クラシック音楽の文法＝正しい読み方と書き方を身につけさせる。徹底的に叩き込む」の一語に尽きた。語学の学習に例を借りれば、「とにかく文法的に正しい言葉を書き、話せるように訓練を施す。そうすれば、こちらの意志は、必ず相手に通じる」という割り切った考え方である。

言い方が固苦しかろうが、口語体であろうが、文語体であろうが、語法が正しくなければ何事もはじまらない——いまにして思えば、見事な教育哲学であった。成果が結実して、ボストン交響楽団常任指揮者・音楽監督、次いでウィーン国立歌劇場音楽監督という楽界最高のポストを歴任する教え子を門下から産み出したのであるから。

小澤は小澤の流儀で

小澤征爾の指揮する二〇〇二年ウィーン・フィル・ニューイヤー・コンサートの映像を繰り返し眺め、ライヴ録音のCDを何度も聴きながら私は、「小澤の音楽は、書で言えば〝楷書〟、それもとびきり上質の楷書なんだな」と、しみじみ思った。

一点一画も忽《ゆるが》せにしない。ベートーヴェンに対するときも、最も定評のあるラヴェルの作品を振るときも、基本的な姿勢にいささかの違いもない。しかも、書いてある楽譜を機械的に正確に演奏しているわけではない。ウィンナー・ワルツ、ポルカ、マーチの演奏に不可欠な約束事——楽譜には書かれていない演奏上の不文律も（もちろん私の貧しい知識で判断する限りにおいてであるが）、正確に表現されていたのである。

その几帳面さに耐え切れなくて、自らも指揮棒をとることのある友人の若手評論家は、中継半ばにしてテレビのスイッチをオフにした。そして、この正確で几帳面な小澤の指揮振りに対して、木管セクションのスター・プレイヤー、オッテンザマーは「異和感なし」と、本場の音楽家のひとりとして太鼓判を捺《お》したのである。

同じ二〇〇二年の早春、オッテンザマーはウィーン・モーツァルト・オーケストラと称する娯楽《エンターテインメント》色の強いオーケストラを率いて来日、彼のニューイヤー・コンサートを全国で披露した。コンサートの締め括り、つまりアンコールの最後は定番の《ラデツキー行進曲》である。客席は沸きに沸いた。

他日、午後のティー・タイムの席上、私が、「《ラデツキー行進曲》の楽しさ、特にお客さんの拍手をリードする気合いと間合いに関する限り、君の方が小澤さんより上なんじゃないかなあ」と持ちかけたら、オッテンザマーはすかさず、「それは、ぼくがオーストリア人だからだろ」と受け止めて、ニコリと笑った。微笑《ほほえみ》という以上の、満足感を伴なった笑顔であった。

私もお世辞で彼を褒めたわけではなかった。こういう男達を一〇〇人集めて、シュトラウス一家の音楽を年末・年始に演奏する外来指揮者達の精神的重圧は、「察するにあまりあり」と言う以外、表現のしようがない。

小澤の音楽を楷書であるとすれば、前述のボスコフスキーのニューイヤーは草書のニューイヤー・コンサートである。カルロス・クライバーも同じ。字体は異なり、カルロスの方がスケール感に優れるが、一九七九年まで続いたボスコフスキー弾き振り時代のアンサンブルには格別の自発性——室内楽のように緻密で、肌理《きめ》の細かい、和紙の上に細手の筆を使い、薄墨で相聞歌《そうもんか》をしたためるが如き格別の風情《ふぜい》があった。

ついでに言えば、唯一度だけの出演（一九八七年）に終わったが、カラヤンのニューイヤーは墨痕淋漓《ぼっこんりんり》、大家の揮毫《きごう》を観るが如きコンサートであった。相手がウィーン・フィルであろうが、プログラムがシュトラウス一家の作品であろうが、カラヤンが指揮棒を一閃すれば、湧き上がる音楽は絢爛にして豪華。彼の創造になる〝二〇世紀末オーケストラ美学〟そのものであった。

小澤の指揮に、この人達のような一期一会の雰囲気を求めても無理な話である。ないものねだりに等しい。小澤はシュトラウスの音楽を、いつも通りの彼の流儀で指揮した。決してボスコフスキーやクライバーの真似はしなかった。楷書の音楽造りをやったが、それなりに受けた。CDも空前の売れ行きを示した。もしニューイヤー・コンサート再演が実現すれば、ウィーン・フィルという唯一無二のオーケストラから認められ、受け容れられたという実証になるだろう。

歌劇場は伏魔殿

前述した『週刊新潮』の小澤批判記事を裏付けるような現地の音楽関係者の証言は、私も責任ある筋を通じて、間接的ながら耳にしている。ニューイヤー・コンサート前夜のリハーサル現場の情況を、「両者決裂寸前」という言葉で語った人もいたのである。

「古いウィーンの街。そこで暮らした人々の哀歓が染みついたアパートの壁紙とカーテン。そんなシミの意味も理解できないような男に、シュトラウスの音楽が振れてたまるか！」といった激しい言葉も裏では囁かれたと、私は聞いた。

ことウィーンに限った話ではない。歌劇場は伏魔殿である。権力と金と、愛欲の色模様が華やかな舞台裏に展開し、指揮者、演出家、歌手などが芸術家人生を賭けて競い合う。策謀と芸術家としての人気と実力――その複雑な絡み合いが歌劇場の歴史でもある。

ウィーン国立歌劇場の過去一〇〇年の歴史を振り返っただけでも、第一次世界大戦前のグスタフ・マーラーをはじめとして、ワインガルトナー、シャルク、リヒャルト・シュトラウス、クレメンス・クラウス、ベーム、カラヤン、マゼール、アバドなど、目も眩《くら》まんばかりの指揮界の巨匠の名が、歴代音楽監督名簿の中に居並ぶが（指揮者以外の音楽監督もほぼ同数就任している）、そのほとんどが短期間で光輝あるこの地位《ポスト》を投げ出し、あるいは放逐《ほうちく》されている。

〝帝王〟といわれたカラヤンが比較的長いが、それでも八年（一九五六〜六四）。最後の言葉は、「二度とこの街で指揮棒をとるつもりはない」という捨て台詞《ぜりふ》であった（その後、和解が成立したが）。

確執は頂点でのみ起こるとは限らない。歌手相互、衣裳係から大道具・小道具の係や守衛といった人々の争いは、より陰湿であり、時として派手でもある。

人種差別も日常茶飯事である。東洋系の歌手が楽屋口で守衛から（故意に）足止めを喰ったり、靴の中に水を入れられたり、舞台衣裳の着付けの手伝いをボイコットされたりなどという話は、最近までよく耳にした。エレベーターに乗ろうとしたら、先に乗っていた全員がコレ見よがしに降りてしまったなどという話も聞いたことがある。

背景にあるのは〝職〟を巡る経済闘争である。舞台上にせよ、舞台裏にせよ、ポストには限りがある。その街で生まれ、国立歌劇場専属歌手、要員《スタッフ》となることを夢見て精進を重ねて来た自分の前に、突然、異邦人が立ち塞がったら――。行為を容認するつもりはないが、寛容を説く勇気もない。

小澤征爾が監督《シェフ》として就任する職場を、手短かに説明すればかくの如きである。

孤独な戦いの時間

人間は他人に認められること、自分が誰かに必要とされていることをもって生き甲斐とする。閨秀画家マリー・ローランサンの詩『哀れな女』の末尾は、「けれどいちばん哀れな女は、忘れられた女です」の一句で結ばれているが、生の証《あかし》の何たるかを語って、これ以上痛切な想いを秘めた言葉も少ないだろう。

私の接した一流の才能は、皆、この怖ろしさを自覚していた。忘れ去られることなく、認め続けられるために、自分はいかに行動すべきか——。結論はただひとつ。他人《ひと》より優れた存在であること。優れた存在であり続けること——。

小澤が自らに課している凄まじいばかりの精進について、かつて私は学生向けの書物『音楽家になるには』（ぺりかん社）で語り、彼自身の言葉を自伝的エッセイから引用したことがあるが、それを再録させていただく。本人の言葉以上の説明手段が見つからないからである。

〈朝。五時と六時の間に、おれの枕もとに二つ並んだ目覚し時計が鳴る。ひとつが鳴り終えると、あとのやつは十分たってから鳴り出す仕掛けにしてある。寝坊のおれは、世の中全体をのろい、必死の思いで頭を枕からもちあげる〉

〈夜早く眠れないから、朝がつらい。ほんとにつらい。が、勉強しなきゃ、指揮者をやめにゃならなくなる。だから、朝、目ざましに庭を走ったり、冷たいジュースをのんだり、いろいろ自分をだましてから、スコア（楽譜）を読む」（『小澤征爾大研究』春秋社。傍点中野）

カナダのトロント交響楽団常任時代の話だから、いまから三〇年あまり前の談話であるが、世紀が改まった二〇〇一年のある日、NHK・TVで紹介された小澤のボストン暮らしの一シーンにも同じような言葉があり、薄明というより、まだ暗い庭園に面した窓辺で、炯々《けいけい》たる眼光をもって机上の譜面に相対する〝小澤の朝〟がブラウン管に映し出されていた。九時、朝食のテーブルに向かうまでの四時間が無念無想、音楽家人生を賭けたこの人の孤独な戦いの時間になる。

誰の言葉だったか、残念ながら記憶にないが、一事に集中して一万時間の歳月を過ごせばひとに勝る芸が身につく、という記述に目の開く思いを味わったことがある。休まず、一日三時間。一〇年である。

「気がついたら、まわりに誰もいなくなっていた」と語った、科学者の友人がいた。「人間がほんとうに物事に集中できる時間は三〇分」とは、二〇世紀の大ピアニスト、ワルター・ギーゼキングの言葉である。類い稀な集中力の持ち主として知られるピアニスト・内田光子は、「四〇分が限界」と私に述懐したことがある。

自らが定めた朝の四時間の中で、小澤の脳細胞がどのような緊張と弛緩のリズムを反復しているのか——われわれには知る由もないが、おそらくは四〇年を優に超えるこの時間の集積が、「振り向いたら、誰もいない」というに近いこの開拓者の、〝いま〟を造り上げた原動力のひとつであることに間違いはない。

「あの人は勉強しなくなった。だから、もう招《よ》びません」と、高名な巨匠の昨今の指揮を評して言い放ったライナー・キュッヒルの一言が、ことあるごとに胸中から蘇ってくる。

なにもウィーン・フィルに限ったことではないが、一流オーケストラは、指揮台に立つ音楽家の、現在の力量を瞬時にして見破る。名声や虚飾は、一級品である楽員達の前では通用しない。昨日の名声を維持し、明日も指揮台に立たせてもらうためには、今日の自分のレヴェルが、昨日のそれと同じであってはならないのである。

絶対に立ち止まらない人

「振り向いたら、誰もいない」と私は書いたが、小澤征爾という音楽家の人生の軌跡を辿りながら想うことは、「彼は絶対に立ち止まらない人だ」という驚嘆の一事である。

　弱冠二四歳で国際コンクールを制覇した彼は、審査員のひとりであったシャルル・ミュンシュの芸風を慕って弟子入りを懇願し、「師事したかったら、私のコンクールを受けなさい」という言葉を忠実に守って、翌年七月、ボストン交響楽団のバークシャー音楽祭（現タングルウッド音楽祭）の指揮者コンクールで優勝、併せて「数年に一度」といわれるクーセヴィッキ大賞も獲得してしまう。その二ケ月前、彼はベルリンでカラヤンの弟子を選ぶコンテストにも出場、第一位入賞を果たしていた。

以後、バーンスタインの知遇を得てニューヨーク・フィルの副指揮者就任、有名なN響事件、シカゴ交響楽団のラヴィニア音楽祭音楽監督就任と、悲喜交々《こもごも》の一時期を送ることになるのであるが、この間、小澤の行動の底辺を支える不変の律動《リズム》は「学ぶこと。学び続けること」という一語。そして動機《モティーフ》は「好奇心。留まるところを知らない好奇心」であった。しかもその姿勢は、齢《よわい》六五の年金受給年齢を過ぎ、七〇歳に手の届く年頃になっても変わらない。

クラシック音楽の世界で私が見る限り、コンクール、特にそれなりの権威《ステイタス》をもつ国際コンクールの優勝者で、それきり伸び悩みという若者はきわめて多い。日本だけではない。海外でもその例は無数にある。

コンクールの優勝は、これから音楽家としてひとり立ちして行けるか否か、資質と見込みに対して与えられる単なる〝青信号〟に過ぎない。成功へのパスポートでは決してない。

多くの若者はコンクール優勝をオリンピックの第一位と勘違いした。後者は競技者としての人生の目的。栄光はその人のその後の人生を保証するだろう。しかし前者は、単なる手段——成功を得るための（有力ではあるが）一個の武器でしかない。武器は使わなければなきに等しい。

コンクールに優勝した若者の多くは、武器を枕に栄華の自動的到来を夢見て惰眠を貪《むさぼ》った。小澤はその武器を徹底的に使い、踏み台にし、自らを鍛え抜いた結果、楽界の頂点近くまで登りつめた。だが、頂点の位置そのものが、日々の精励、向上を抜きに守り切れないものであることをいちばん良く知っているのも小澤征爾本人の筈である。

したたかな男

一言付け加えたい。

自分の書いた「小澤論」を読み返してみると、指揮者・小澤征爾が、いかにも克苦精励・謹厳実直な人物のように思えてくる。

しかし彼は、反面、きわめてしたたかな男なのである。ウィーン・フィルとの初顔合わせの頃だったらしいが、メイン・プログラムの《春の祭典》（ストラヴィンスキー）のリハーサル開始に当たって、「まずここからはじめましょう」と、楽曲の途中、ウィーン・フィルがもっとも苦手《にがて》としていた楽節から練習《プローベ》をスタートさせた。事前にしっかりとレコードを聴き、ウィーン式管楽器の構造や演奏者の不慣れに起因するこのオーケストラの泣き所を把握したうえで、奇襲戦法に出たのである。

団員は苦笑し、「下調べが行き届いているな」と、以来この若者を見直したという。

また彼は、テレビ・インタビューの中で、「後輩のひとりに、『ぼくは小澤先生のような廻り道はしたくない』って言われちゃったんですよ」と告白し、凄味のある笑《え》みを頬に浮かべた。「人生と楽界の裏表を知り尽くした男の笑顔だ」と、私はそのとき思った。「君の未来はお見通しだよ」と、小澤の微笑が語っていた。

更にひとこと。

小澤の録音記録《ディスコグラフィー》を読んで気がつくことのひとつに、彼がベルリン、ウィーンとは言わず、手兵であったボストン交響楽団ともウィーン古典派＝特にベートーヴェン、ブラームスの《交響曲全集》のCD録音をしていないことが挙げられる（サイトウ・キネン・オーケストラとは、全曲録音の企画が進行しているようであるが）。

小澤が満を持した構えでいるのか、欧州のメジャー・レーベルが小澤のウィーン古典派解釈を認めていないのか——。将来、この指揮者にクリアーすべき課題があるとするなら、そのひとつがウィーン・フィルかベルリン・フィルを協演相手《パートナー》としたベートーヴェン、ブラームスの《交響曲全集》の完成、そして活動の地ヨーロッパにおける評価の獲得であろう。

小澤征爾のウィーン国立歌劇場音楽監督就任（二〇〇二年九月）とほぼ時期を同じくして、英国生まれの俊才サイモン・ラトルとウィーン・フィルによるベートーヴェン《交響曲全集》が発売されることになった。ラトルはベルリン・フィルの次期音楽監督に内定している人である。

「この企画は楽団側からもたらされたもので、私は『私でいいのか？』と訊き返した」とラトルは告白している。「小澤には、まだ乗り越えなければならない山坂がある」と言ったら、言い過ぎになるだろうか。

第6章　ウィーン・フィルの誕生

オーケストラの出自《ルーツ》

オーケストラはコンサートの華《はな》である。一〇〇人の一流音楽家集団を統率し、意のままに操る指揮者は、連合艦隊司令長官・プロ野球の監督と並んで、一度はなってみたい〝男の三大職業〟と羨まれた時代もあった。

ヴァイオリニスト、ピアニストなど、独奏者《ソリスト》を目指す音楽家の夢は、オーケストラとの協演、つまり協奏曲の演奏でステージに立つことである。知人である大手マネジメントの元経営者は、在職中、所属アーティストに、「演奏家にとって、一回のオーケストラ協演は、五回、いや一〇回のリサイタルに匹敵する実績《キャリア》。協奏曲こそ栄光の座への登竜門」と説き、鼓舞激励を怠らなかった。私自身も、「演奏家を売り出すなら協奏曲。オーケストラとのステージを数多く踏ませることです」という助言《アドヴァイス》を、何度か頂戴したことがある。

こんな、音楽家にとって〝希望の星座〟とも言えるオーケストラが、いつ、どのような経緯でこの世に現われたのか。

歴史を遡ると、三つの出自《ルーツ》が浮かび上がってくる。その一は宮廷楽団、その二が歌劇場、三番目が市民のためのオーケストラである。

王侯・貴族の支配体制が社会の基幹をなしていた頃、花咲く宮廷文化の目玉商品のひとつが音楽であった。卓越した作曲家でもある宮廷楽長と、練達の奏者を揃えた宮廷楽団の存在は侯国栄華の象徴《シンボル》であり、支配者の知性と教養を天下に知らしめる、目に見え、音として聴くことができる、生きた広告塔でもあった。バッハを厚遇したケーテン侯レオポルト、ハイドンの庇護者でもあったエステルハーツィ侯ニコラウスなど、なした行為の結果を思えば、後世の音楽愛好家が足を向けては寝られないような英明な君主が、一七、一八世紀にはヨーロッパ各地に君臨していたのである。

そのような宮廷楽団のいくつかが、貴族階級の没落と、経済力豊かな市民階級の勃興を背景に自立し、国や街のオーケストラとなっていった。

現存する最古のオーケストラはデンマーク王立管弦楽団である。創立が一四四八年と記録にあるから、歴史は実に五五〇年（五世紀半！）を超える。創設当初は宮廷直轄のブラスバンドだったという。

次いで名門ドレスデン・シュターツカペレ（ザクセン州立歌劇場管弦楽団）。ザクセン選帝侯モーリッツによって創設された宮廷聖歌隊と宮廷楽団がその前身で、創立年は一五四八年。かつて世界一豪華だと言われていたドレスデンの歌劇場で優雅かつ気品のある名演を披露していたが、戦争中、連合軍の空爆で歌劇場は廃墟と化した。かつてワーグナーやリヒャルト・シュトラウス、ベームが立った指揮台には、二〇〇二年現在、オランダ生まれの名匠ベルナルド・ハイティンクが首席指揮者として君臨している。

三番手がベルリン・シュターツカペレ（ベルリン州立歌劇場管弦楽団）。これは、文字通り、歌劇場のために創設されたオーケストラで、発足が一七四二年。当時の国王は、歴史上、名君の誉《ほまれ》高いプロイセンのフリードリヒ・ヴィルヘルム二世（世にいうフリードリヒ大王）であった。この時代、富裕な王室や皇帝・貴族の間には、自前の宮廷歌劇場を持ち、演《だ》し物や出来栄えを競う風潮があった。オーケストラはその〝付属品〟である。

一年遅れ、一七四三年に発足したのがこれも名門、ライプツィヒ・ゲヴァントハウス管弦楽団である。中世以来、商業都市として繁栄を誇ったこの街で生まれただけあって、宮廷にも、歌劇場にも属さない自主経営の団体。市民階級を対象としたコンサート・オーケストラとしては、〝開祖〟という名にふさわしい栄光の歴史を重ねて来た。楽団結成の契機は、会員制愛好家のためのアンサンブル（団員一六名）だったらしいが、歴代の指揮者名簿にはメンデルスゾーン、ニキシュ、フルトヴェングラー、ワルターなどの名が記されていて、見る者を驚かせる。

なお、これに続く名門がロシアのサンクトペテルブルク・フィルハーモニー交響楽団である。創立は一七七二年で、貴族達のためのアンサンブルが母体であった。ほぼ一〇年後の一七八二年、その高い技量を評価され、皇帝の勅令によって宮廷所属の管弦楽団に改組される。

共産党支配下のソ連邦時代、レニングラード・フィルと呼ばれ、巨匠エフゲニー・ムラヴィンスキーのもとで鉄壁の合奏能力を完成した。白刃の閃きを想わせる切れ味で世界の音楽界を震撼させた一時期を懐しむ愛好家が少なくない。鉄人ムラヴィンスキーの後任として音楽監督・首席指揮者の座にあるユーリ・テミルカーノフは、現代最高レヴェルの逸材である。

ウィーン・フィルが生まれた時代

われらがウィーン・フィルハーモニー管弦楽団の旗揚げは一八四二年。既述の名門五団体の創設時期と比べると、世紀下《しも》一桁の数字がちがう。

だが何故か、前述したサンクトペテルブルク響創設とウィーン・フィル誕生の間に設立された有名オーケストラはたったのひとつ、国立パリ管弦楽団しかない。前身は教授と優秀な学生をメンバーとしたパリ音楽院管弦楽団（創立一八二八年）である。戦前は「お国ぶり、フランス物を弾かせたら当代無双」と評されたが、独立自尊の空気が横溢するこの民族の中で、独墺式に精緻・

均質なアンサンブルを育て上げ、伝統を確立するという事業は至難の一語に尽きた。

定評ある妙技と輝かしい名声が「兵《つわもの》共の夢の跡」と消え去った音楽院《コンセルバトワール》管の惨状に怒り狂った文化相アンドレ・マルローは、同楽団の発展的解消を前提に、国が二分の一、市が三分の一の財政負担に応ずるという破格の条件で新オーケストラ発足に踏み切る。一九六七年のことであった。このとき、旧音楽院管から移籍できたのはメンバーの三分の一程度と言われている。

初代音楽監督が巨匠シャルル・ミュンシュ（就任後一年で急逝）。以後、カラヤンを音楽顧問として迎えたり、ショルティ、バレンボイムといった大物を音楽監督の座に据えてみたりしたが、長続きしなかった。二〇〇〇年以後、ピアニスト出身のクリストフ・エッシェンバッハが監督《シェフ》の座にあるが、さてどれだけの期間務まるか——観ものである。

ウィーン・フィルと同じ年に発足したのがニューヨーク・フィル。そのあとボストン響（一八八一年）、ベルリン・フィル（一八八二年）、ロイヤル（旧アムステルダム）・コンセルトヘボー管（一八八八年）、シカゴ響（一八九一年）と、後年の欧米の〝メジャー〟と称されるようになるオーケストラが、目白押しに呱々《ここ》の声を上げる。

こうして主要オーケストラの設立年を俯瞰すると、一九世紀半ばというウィーン・フィル旗揚げの時期は、まさに絶妙なタイミングであったことが判る。ドイツ・ロマン派の最盛期で、目の前にはハイドン、モーツァルト、ベートーヴェン、そしてシューベルトという古典派と初期ロマン派の巨匠の交響作品が演奏される日を待ち、レパートリーたるにふさわしい楽譜は山を成していた。世紀の後半にはワーグナー、ブラームス、ブルックナー、マーラーといった巨星に肌を接して教えを仰ぐ機会があった。世界中を見渡しても、地元＝生まれ育った自分達の街に、これだけ多くの優れた作曲家が活躍し、人類にとって至宝とも称し得べき作品を産み出していたという環境条件に恵まれたオーケストラは、ウィーン・フィルを除いて存在しない。

斜陽の気配は忍び寄っていたが、七〇〇年の歴史を背にしたハプスブルク家には栄華の余光があったし、何よりも知的水準の高い貴族階級と、豊かで知的好奇心旺盛な新興市民階級という、観客・聴き手にも恵まれていたのである。

過去の作品だけでの音楽会

前節で「旗揚げ」という言葉を使ったが、それがこのオーケストラの発足にふさわしい表現だと思ったからである。

創立の構想は一八四一年の冬、ウィーン市中央部に近いジンガー通り《ガッセ》にある酒場〝ツム・アモール〟で生まれた。話に加わったのは詩人のニコラス・レーナウやベートーヴェンに師事した音楽家カール・ホルツ、それに爵位を持った貴族など、さまざまな階級、さまざまな人びとであったが、指導者《リーダー》の役を担ったのは宮廷楽長オットー・ニコライであった。

ニコライ(一八一〇―四九)はドイツ人。晩年、歌劇《ウィンザーの陽気な女房たち》を作曲して不滅の名を残した。一八四一年、三一歳の若さで宮廷歌劇場の楽長《カペルマイスター》に就任、

〈聴け! 聴け! 音楽家が惰眠をむさぼったり、寝室でヴァイオリンを弾いている時代は終わった。アポロの息子達は力をあわせて大いなる事業にとりかかるのだ! これこそ前代未聞の出来事なのだ! 目覚めよ!〉

という檄文をもって、最初のコンサートを開始《スタート》させる。一八四二年三月二八日、復活祭の日曜日で、開演は午後一時三〇分。場所はウィーン王宮内のレドゥーテンザールであった。

曲目の中心はベートーヴェン。《交響曲第七番》・《「レオノーレ」序曲第三番》・《献堂式序曲》のほか、当時の演奏習慣に従って、モーツァルト、ケルビーニのコンサート・アリアなど数曲が並べられるという盛り沢山(というか、種々雑多)なものであったという。

二一世紀に生きる私たちから見れば、この程度のプログラムでコンサートを開くのに檄文まで用意して、なんと肩肘の張った音楽会かと、嘲笑う声も聞こえてきそうな張り切りようである。

しかし、この当時、交響・管弦楽曲のような純粋器楽を主なレパートリーとしてコンサート活動を行なうオーケストラは、少なくともウィーンには存在しなかった。

モーツァルトやベートーヴェンの交響曲の演奏会は、何よりもまず本人の〝新作発表会〟であって、オーケストラはもちろん臨時編成。指揮者もそのほとんどを作曲家が担当していた。楽団統率の実権はコンサートマスターにあり、指揮者は多くの場合〝拍子とり〟に過ぎなかったよう

である。

だから、歌劇場のオーケストラ・ピットからステージに登った楽団とはいえ、少なくとも常設のプロの音楽家集団が〝新作披露〟ではなく、作曲家以外の第三者の指揮下、過去の作曲家の作品のみで演奏会を催すという試みは、当時とすれば破天荒な行為だったに違いない。

幸い、コンサートは成功し、「次回待望」の声が楽団に届く。

オットー・ニコライ

楽聖の作品を再現する

人間、誰しも他人に認められたい生き物である。褒められ、拍手を浴びれば悪い気はしない。とりわけ音楽家や舞台俳優などを志す人には、自己顕示欲強烈な性格の持ち主が多い。本来が聴いてもらい、観てもらい、拍手をいただくことをもって生き甲斐とする職業でもある。

しかし、オーケストラに入って集団生活に身を置いていると、やはり不満が出て来る。例えば、尊敬できない指揮者の指示に従い、自らの意に反した演奏をしなければならないこともある。しかも、そんな指揮者が、自分で音を出すわけでもないのに、一回のコンサートで自分の給料の何ケ月分かの報酬を得ている。楽団内の序列が気にくわない。個性が強く、しかも限られた専門分野内で育ってきた人間ばかりなので、人付き合いで神経が疲れる等々。なかでも、オペラやバレエのオーケストラには、欲求不満を持つ楽団員がたくさんいる。まず第一に、主役はダンサーや歌い手であって、オーケストラは多くの場合、単なる伴奏者。（ワーグナーの楽劇のような特殊例を除いて）、常に傍役《わきやく》の立場に甘んじなければならない。第二に、オーケストラ・パートが面白く書かれていればまだしも、ドニゼッティとかベッリーニのようなイタリア・オペラの楽譜は、「ブン・チャ、ブン・チャ」といったピアノの左手みたいなリズムの刻みばかりで、弾いていて張り合いのないことおびただしい。

特に第二ヴァイオリンなど、「暗い穴倉の中で、ギコギコと毎晩弓で弦を擦《こす》るだけのために、私は幼い時から刻苦精励の歳月を重ねて来たのであろうか」（シュトラッサー）と、しばし暗澹《あんたん》たる想いに沈むこともあるという。

しかしニコライの成功は、単にこうした歌劇場オーケストラ団員の欲求不満解消といった個人的動機にとどまらず、彼がこの街で傑作を生み出したベートーヴェンという作曲家に深く傾倒し、「ベートーヴェンの作品を質の高い演奏で、正しい形でウィーンの聴衆に紹介したい」という強烈な使命感によって演奏会を企画した、いうなれば理念の勝利というべきものであった。

前述したように、過去の名作を定期的に反復して演奏する、という習慣は当時なかった。

演奏会のオーケストラはいつも寄せ集めの団体で、演奏行為自体、楽員にとってみれば「とにかく楽譜を音にすればいい」というレヴェルにあった。聴く側にしても、「なかなか良い作品だ」と感心したところで、繰り返して聴く手段も、機会もない。〝録音〟という、音を記録する技術が発明されたのは一八七七年である。

一九世紀の前半、「楽聖の作品を再現する」という考え方がどれだけ新鮮かつ野心的な意図を秘めたものであったか、後世の想像を遥かに超えるものがあったのである。

終《つい》の棲《す》み家

「時代が人を求める」という言い方を歴史家はよく口にするが、一九世紀半ばというこの時期、政治、経済、文化、さまざまな環境条件が大指揮者の出現を待っていた。

象徴的な出来事はリングシュトラーセ＝環状道路の建設と道路沿いの都市計画である。外敵、特に永年にわたって東方から侵入を狙っていた大帝国オスマン・トルコの脅威がなくなり、その侵略を防ぐためウィーン市街を取り巻くように築かれていた環状の城壁が、市の発展を阻む物理的な障害になってしまっていた。

一八五〇年代、フランス革命・ナポレオン戦争を経験したヨーロッパは〝近代〟への歩みを速める。形の上では旧体制（ハプスブルク家の支配体制）を維持していたオーストリア＝ハンガリー二重帝国も例外ではない。一八四〇年から七〇年の三〇年間に、ウィーン市内の企業数は二倍、人口も二倍になっていた。当時としては大規模な五〇万都市を、城壁に囲まれた狭い旧市街地の空間で維持することはもはや不可能と言ってよかった。

一八五七年の暮、〝慈悲深き人民の皇帝〟と慕われたフランツ・ヨーゼフ一世は、国防上の理由と、フランス流の革命＝民衆蜂起を怖れて強硬に反対する軍部を抑え、城壁の徹去と都市再開発実施を表明した。

現在市電が走っているリングシュトラーセと、それに沿った遊休地に、新都市計画に基づく豪壮華麗な公共建築物＝議事堂、市庁舎、ブルク劇場、ウィーン大学などが次々に建てられていった。宮廷歌劇場（現在の国立歌劇場）は一八六三年の起工。完成には約八年の歳月を要したという。ネオ・ルネサンス様式といわれる、華やかななかにも堂々たる威容を誇る、ハプスブルク大帝国の繁栄と文化水準の高さを象徴する建築物であった（ただ、建設開始当初は「様式感欠除、無思想」と不評で、絶望した共同設計者二人のうち一人は自宅で縊死《いし》、もう一人はその報を聞いてショック死したという悲劇的な挿話が残っている）。

豊穣な精神的、物質的環境に吸い寄せられるように、音楽界の巨人達がここを訪れ、その何人かがウィーンを終《つい》の棲《す》み家《か》と定めた。代表格がブルックナーとブラームスである。この二人に野心家ワーグナーを加えた個性的な三人男が、一九世紀末ウィーンの音楽シーンを彩る。

乾坤一擲――神聖ローマ帝国以来の七〇〇年体制を永遠に維持すべく、王朝の存亡を賭けて打って出た首都再開発の大勝負。それを背景に、精神世界の覇権を賭けて互いに競い合う芸術家達。当時、ウィーンに住む人びとの心には沸騰するようなエネルギーがあった。

ブラームスの怒り

外面の華やかさと、それを支えるべき内実の凋落――そんな時代にこそ芸術は最盛期を迎えるものであるらしい。

〝ウィーン世紀末〟と言われるこの時代に、絵画・建築・文学・演劇そして科学の各分野において、この街は無数の逸材を輩出した。全欧から才能を集め、育て上げたと言った方が正確かもしれない。

ベートーヴェンの桎梏に苦しみ抜いたヨハネス・ブラームス

音楽の分野における特筆すべき出来事は、一八六二年のブラームスのハンブルクからの移住である。移住の翌六三年三月八日、早くもウィーン・フィル・コンサートでふたつの《セレナード》が演奏された。著名な評論家ハンスリックとその一党の掩護射撃を得て、彼は楽都と呼ばれるこの街で着々とその声価を高めていく。

名ピアニストでもあったブラームスは、七一年一月に自身の独奏《ソロ》で《ピアノ協奏曲第一番ニ短調》を演奏、七三年一一月には《ハイドンの主題による変奏曲》初演の指揮棒をとった。

こう書いてゆくと、ブラームスのウィーン生活は順風満帆のように見えるが、移住後七年目、六九年一二月のコンサートで《セレナードニ長調》を再演しようとした際、ウィーン・フィルから拒否されるというトラブルに見舞われている。数人の楽員がリハーサルの際、「こんな作品は弾きたくない」と言い出したのである。自作の指揮者として指揮台に立っていたブラームスは怒り狂い、指揮棒で総譜《スコア》に穴をあけて契約解除を宣言した。

常任のデッソフや役員の調停で辛うじて決裂は回避され、このコンサートは無事終了したのであるが、練習再開に当たりブラームスが楽団員に向かって言った次のような言葉が複数の文献に記録されている。

「あなた方は私の作品の演奏を拒否されました。あなた方が私の曲をベートーヴェンのそれと比較してそのようなことをおっしゃるなら、『あのような高さにある作品は二度と創造されることはないであろう』と申し上げるほかないでしょう。しかし私の作品は、私のベストを尽くした芸術的信念から産み出されたものです。この曲が、あなた方の演奏に値いしないものではないことを、ぜひ、お解りいただきたい」

「保守的」とか、「伝統墨守」とかいう言葉で嘲笑うのは簡単だが、私などは、ベートーヴェンのような巨匠中の巨匠が作品を書き続けたこの街で、同じ〝作曲家〟という茨《いばら》の道を歩まざるをえない後継者達の人生の重荷と苦渋の心境に、まず想いが至ってしまう。

ブラームスはベートーヴェンの得意業《わざ》、ピアノ・ソナタや弦楽四重奏の分野では遂に名作を生み出せず、五重奏・六重奏となると別人のようにペンが走った。ワーグナーは「彼のあとで交響曲はもう書けないよ」と宣言して、舞台芸術に生きる道を求める。

ワーグナーの毒

ウィーンの言論界、特に著名な音楽評論家ハンスリックとその一党は「反《アンチ》ワーグナー路線」に凝り固まっていたが、世に言う〝ワーグナーの毒〟は、確実にこの街の聴衆の心を捉えてゆくことになる。

舞台芸術に生きる道を求めたリヒャルト・ワーグナー

リヒャルト・ワーグナーとウィーン・フィルハーモニー管弦楽団が直接に対面したのは一八六二年五月、《ローエングリン》のリハーサルが最初である。

そのとき彼は、「オーケストラ、歌手、合唱のすべてが完璧で、信じ難いほど素晴らしい」、「それは強制によってもたらされたものではなく、すべて自発的になされ、心のこもったものであった」、「私は無言のまま座席に身を沈めていた。涙がとめどもなく流れた」という趣旨の手紙を最初の妻ミンナ・プラーナー宛に送り、ピット内のウィーン・フィルをはじめとする、歌劇上演関係者全員の質の高さを称賛している。

　ただし、作曲家兼指揮者のワーグナーとその音楽、歌手・演奏家の間に、何も問題が起こらなかったわけではもちろんない。

　楽劇《トリスタンとイゾルデ》は、宮廷歌劇場での上演を目指して長期間の練習が行なわれたが、一八六三年の春、遂に公演取り止めに追い込まれている。リハーサル回数は、実に七七回を数えた。「信じ難い！」と現代の人は言うであろうが、事実である。この名作のウィーン初演は、それから二〇年後のことであった。ワーグナーは既に世を去っている。

　ワーグナー自身、卓抜な指揮者であった。宮廷歌劇場でも、自作上演に当たってしばしば指揮台に立ったが、《ローエングリン》の総練習《ゲネプロ》の際、コンサートマスターに向かって、「あなた方は、私が書いたよりずっと美しく弾きましたね」という讃辞を贈っている。

　ウィーン・フィル弦楽器群の温かく蠱惑《こわく》的な響きが、作曲家の脳中にあったイメージを上廻ったのである。本番では、指揮棒を譜面台の上に置いてオーケストラに自由に演奏させ、じっと聴き入るなどというシーンも見られたという。

名指揮者との巡り逢い

メジャーといわれるオーケストラの歴史を仔細に振り返ると、そのほとんどが特定の時期に名指揮者に巡り逢い、彼の在任中に飛躍的な発展を遂げていることに気付く。

およそ学問とか芸術の世界にあって、進歩は徐々にという例《ケース》は少ない。なだらかな坂をゆっくり登って行くが如くという進歩も当然あるとは思うが、プロデューサーという、音楽家の栄枯盛衰の歳月に関わる職業に身を置く者の実感としては、個人も団体も、進歩はある日突然、階段か崖を跳びあがるような形で実現するという経験の方が多かった。芸事や技能習得にあたって得られるヒント、コツ、サトリと言われる事柄の作用であろう。

例えばチェリビダッケは、初対面のオーケストラとリハーサルを開始する際、まず弦楽器のチューニング（音合わせ）に厖大な時間を費した。

来日時、東京芸大のオーケストラに客演したが、コントラバス・パートの音合わせだけに三〇分かけた。彼は弦のチューニングを低音楽器からやっていくので、全五部の奏者にOKが出るまでにどのくらいの時間がかかったか——。

しかし、そうやって全員の弦の高さをキチンと揃えて、彼の指揮棒《タクト》が振り下ろされたとき、全メンバーは等しく、「これがわがオーケストラの音か！」と、自分の耳を疑ったという。「全身に鳥肌が立つ思いでした」（ヴァイオリン奏者・上ノ山隆談）。

こういう指揮者が常任として就任し、楽団の訓練《トレーニング》に当たれば、日ならずしてオーケストラの響きは一変する。少なくとも楽団員全員の耳の精度が一桁も二桁も向上するからである。

一八七五年、ハンス・リヒターは宮廷歌劇場の音楽監督とウィーン・フィルの常任指揮者に就任した。彼自身、この楽団のホルン奏者を四年間務めた経験を持つが、常任としての在任期間は通算二三年に及んだ。

この時期、ベルリン・フィルハーモニー管弦楽団には、ピアニスト出身の大指揮者ハンス・フォン・ビューローが八七年から常任指揮者に就任した。

ビューローはワーグナーと親交があり、彼の歌劇・楽劇を世に広めるにあたって、多大の功績があった人物である（ただし後年、リストの娘であった妻コジマがワーグナーの許に走ったため、二人の関係は疎遠となり、反対派ブラームス擁護派の陣営に組し、中心人物の一人となる）。

ビューローは最初に暗譜で指揮した人としても有名である。この人が設立後間もないベルリン・フィルを鍛え、一流のプロ集団に仕立てあげた（そのあと、指揮界伝説の巨人アルトゥール・ニキシュが二七年間この楽団を統率して、名声を揺るぎないものとする。ニキシュの後継者として華々しく登場したのがヴィルヘルム・フルトヴェングラー。一九二二年のことで、年齢は僅か三六歳であった）。

ヨーロッパ三大オーケストラのひとつ、アムステルダム（現ロイヤル）・コンセルトヘボー管弦楽団には、一八九五年、ヴィルレム・メンゲルベルクが二四歳で常任指揮者に就任した。
オランダ期待の星とこのオーケストラのコンビは目を瞠《みは》るような成長を遂げ、二〇世紀の初頭にはウィーン、ベルリンの両フィルハーモニー管弦楽団と肩を並べる一流オーケストラと言われるまでに評価を高めた。特に弦楽器部門の優秀さは全欧随一と称えられ、第二次大戦前のレコード誌には「オーケストラのストラディヴァリ」という言葉すら見受けられる。

こうして、ウィーン・フィルとベルリン・フィル、そしてアムステルダム・コンセルトヘボー管という三つのオーケストラが、一九世紀の末頃、それぞれ有能な指揮者を統率者としていただくことに成功して頂点に登りつめた。

ハンス・フォン・ビューロー

オーケストラの運命

生まれた街、育てられた時代と環境によってオーケストラはさまざまな運命を辿る。しかし誕生後一〇〇年あまりを経た今日に至っても、出自の事情、つまり「なぜ出来たのか」という楽団創設の理由は、そのオーケストラの性格に大きな影響を与え続けている。

ウィーン・フィルはオペラ・ピットからステー

ジに登り、自らも脚光を浴びたいという音楽家の自己表現意欲を背景にはしていたが、「自分たちの街が知的財産として継承している先人の作品＝ベートーヴェンを頂点とする古典派の作品群を、正しく、その価値にふさわしい姿で再現できる職業音楽家集団《プロフェッショナル・オーケストラ》が存在しない。それならわれわれの手で」という、指揮者オットー・ニコライなど有識者の使命感が設立の動機となった。

ハイドン、モーツァルト、ベートーヴェン、そしてシューベルト、ブラームス、ブルックナー、加うるにマーラー、リヒャルト・シュトラウスの音楽は、ウィーンという街と、その音楽的風土を抜きにしては生まれ得なかった。その歴史と伝統の正統な継承者であり、担い手であるという自負が、ウィーン・フィルというオーケストラの屋台骨を支えている。ワルツ王・シュトラウス一家の音楽も、シェーンベルク一派の、いわゆる新ウィーン楽派の音楽もこの街の産物である。

ウィーン・フィルハーモニー管弦楽団というオーケストラの歴史を振り返るとき、彼等にとって創設者の理念の維持は、そのまま自国の音楽文化と唯一無二の伝統を守り抜く意志と行動につながる。だから例えば、ウィーン・フィルがベートーヴェンの作品を演奏するという行為は、演奏する譜面自体は同じでも、それを音と響きにする場合の精神的背景が他のオーケストラとはまったく異なるのである。

好敵手《ライヴァル》でもあるベルリン・フィルの創設意図は、ウィーン・フィルのように特定の作曲家（例えばベートーヴェン）と結びついてはいない。

創成期にこの楽団の基礎を造り上げたハンス・フォン・ビューローは、ベートーヴェンをもって理想の音楽家像と仰いだが、オーケストラ自体の志向は「楽曲の完璧な演奏」という、演奏行為に向けられていた。新興国家プロイセン、その首都である新興都市ベルリンに誕生した音楽家集団としては当然の成り行きであろう。この体質が、現在、アメリカのシカゴ交響楽団などと覇を競う、世界屈指の名人《ヴィルトゥオーソ》オーケストラ、ベルリン・フィルハーモニー管弦楽団という姿で受け継がれ、結晶している。

楽団員の構成は八〇パーセント前後がドイツ人といわれているが、第一コンサートマスターの安永徹をはじめ、木管楽器など各パートの首席奏者には外国籍のプレイヤーが歴代かなりの数を占めている。ドイツ国民とかベルリン市民とかいう民族的・地域的なアイデンティティよりも、演奏家集団としての質の高さを優先する結果と言えるだろう。

マーラーの栄光と挫折

一九世紀末、二〇年前後の間にウィーン、ベルリン、アムステルダムというヨーロッパの三都市のオーケストラに有能な指揮者が着任し、爾後一〇〇年に及ぶ一流楽団としての基礎固めを行なった。偶然ではない。時代の要求であったと思う。

聴き手の数も増えた。そして数が増した分だけ質も変わり、未知の新しい曲に知的関心を示す層が激減して、耳当たりの良い、お馴染みの音楽＝つまり「知っている曲、どこかで聴いたことのある音楽」を喜ぶ聴衆の割合が増加した。〝演奏の時代〟〝演奏家の時代〟が到来しようとしていた。そしてその要求に応えるように、大指揮者と名人オーケストラが世に現われたのである。

作曲家と同時代に生き、しかも、しばしばその本人と時間・空間を共にするという経験がどれだけ音楽家を育てるか、そして何よりもどれだけ自信を持たせるか――その意味の重さは、第三者には測り難いものがある。この時代、ブラームスはベルリンにも足を伸ばし、ハンス・フォン・ビューロー率いるベルリン・フィルとも協演を果たしている。

一八九七年五月一日、グスタフ・マーラー（一八六〇―一九一一）は、ウィーン国立歌劇場でワーグナーの《ローエングリン》の指揮台に立ち、公演は空前の反響を呼んだ。

この成功が彼とウィーン・フィルを結びつける契機となる。マーラーはボヘミア生まれのユダヤ人で、一五歳のときからウィーンに移り住み、音楽教育もウィーン音楽院、ウィーン大学で受けている。彼は《ローエングリン》成功の五ケ月後に国立歌劇場音楽監督に就任したが、コンサート・オーケストラであるウィーン・フィルの常任に選ばれたのは、それから二年後のことである。

「有能な音楽家であり、卓越した指揮者であるが、オーケストラの団員にとっては天敵」

これがマーラーに対するウィーン・フィルの評価であった。

マーラーは、一騎当千の音楽家集団＝ウィーン・フィルに君臨するには直情径行に過ぎた。あるいは、生来、他虐《サディスティック》的な性向の持ち主であったのかもしれない。

斜陽ハプスブルク帝国のウィーン特有のいい加減さを嫌った彼は、日頃の行動においても演奏においても、徹底した規律と合理性を求め、音楽監督就任後、「一週間にして、歌劇場一の嫌われ者になった」（名歌手レオ・スレザークの回顧談）。

一週間にして、ウィーン国立歌劇場一の嫌われ者になったというグスタフ・マーラー（ユニバーサルミュージック提供）

マーラーは古い権威の上に安住していた楽団員を標的にして、一人ずつ同じパートを一〇回以上も皆の前で弾かせ、恥をかかせて辞任に追い込むなどといった苛酷な手段で楽団の新陳代謝をはかった。直接辞職勧告を行なうといった荒療治も稀ではなかった。相手が〝教授〟の肩書きを持つ音楽家でも容赦しなかったのである。

また、従来、野放図にされていた開演後の客席入場も厳しく制限した結果、遅刻した観客は第一幕終了まで、演《だ》し物によっては一時間以上も扉の前で待たされる破目になった。

純粋に、演奏される音楽の質のことだけを考えれば、マーラーのとった措置は正しかったのかもしれない。しかし、世の中必ずしも「結果良ければ」というわけにはいかない。彼の行動は、次第に自分自身を針の莚《むしろ》に坐る立場に追い込んでしまう。彼の息のかかった楽団員の数が増えたはずなのに、オーケストラとの仲も険悪になって、一九〇七年には職を辞し、ウィーンを去らざるをえなくなったのである。

時代も爛熟の一九世紀末であり、ウィーンの音楽界もそれなりの波乱を免れえなかったが、マーラー支配の約一〇年の間に国立歌劇場は活力溢れる組織体となり、財政状況も著しく改善された。光彩に満ちた外見と、最大の貢献者の失脚——ここにも皮肉な現実があり、言いようのない悲喜劇があった。

第7章　動乱の時代を生き抜く

作曲家の時代から指揮者の時代へ

フルトヴェングラーは、一九二二年三月二五、二六の両日、初めてウィーン・フィルハーモニー管弦楽団の指揮台に立った。ブラームス没後二五周年を記念する演奏会で、曲目は生涯のメイン・レパートリーのひとつとなる《ハイドンの主題による変奏曲》、《運命の歌》そして《交響曲第四番》であった。風雪・動乱の歳月をはさみ、三二年間続くことになる両者の交流の、これがいわば「序曲」とも言えるコンサートとなる。

後年の巨匠、このとき三六歳。しかし、ヨーロッパの音楽界をリードし、睥睨《へいげい》していた指揮界の巨人アルトゥール・ニキシュが死去して、フルトヴェングラーはドイツ最古のオーケストラのひとつであるライプツィヒ・ゲヴァントハウス管弦楽団と、ドイツ最高のオーケストラであるべルリン・フィルハーモニー管弦楽団双方の常任指揮者という栄光の地位《ポスト》を手中にし、文字通り、旭日昇天の勢いであった。母親が日記に、「ヴィリーはニキシュの後を継ぎ、いま手中にしうる最高の地位をわがものとした」と書いたのは、この年のことである。

一九二七年、マーラーのあとを継いだワインガルトナーがウィーン・フィル常任のポストを辞すると、フルトヴェングラーは直ちに後任に迎えられる。二八年秋からのシーズンには国立歌劇場に客演指揮者として登場する。

一九五四年晩秋の逝去までの歳月を、元楽団長のオットー・シュトラッサーは、「ウィーン・フィルは、実質的にはフルトヴェングラーのオーケストラでした」という言葉で語っている。その間、国立歌劇場音楽監督就任の話が持ち上がり、手兵ベルリン・フィルとの間で板挟みになった彼が悩み抜くといった事態も起こったが、それは「嬉しい悲鳴」のようなものであったろう。

一九世紀後半から二〇世紀の初頭にかけて、前述のハンス・フォン・ビューロー、グスタフ・マーラー、アルトゥール・ニキシュと、ドイツ、オーストリアには、指揮の巨匠が続出した。音楽の世界において、世の趨勢は〝作曲家の時代〟から〝指揮者の時代〟に移ろうとしていた。

人間とは（特に若者達は）機を見るに敏な動物である。ある時代の〝才能〟は、その時代の最先端を歩もうとしている分野に、自《おのず》ら集まってくるものであるらしい。新天地に成功を求める嗅覚である。

一九二〇年代から五〇年にかけて、映画やレコードが先進のメディアだった頃、時代の才能がこの分野に犇《ひし》めいて幾多不滅の名作を世に送ったように、クラシック音楽の分野でも、指揮者、器楽奏者、歌い手（特にオペラ歌手）の別を問わず、音楽的才能に恵まれた若者は、その大部分が指揮者や演奏家、歌手として、ステージに立つ人生を志すようになった。

「いまとは時代も違ったんだし、結局は天職の門扉を叩いた若者の、天与の資質の差」と結論づける以外に説明のしようがない。フルトヴェングラーを筆頭に、トスカニーニ、ワルター、クナッパーツブッシュ、メンゲルベルク、クレンペラー、それに作曲家で指揮者としても人気の高かったリヒャルト・シュトラウスなど、半世紀以上前の古い録音の復刻CDがいまなお売れ続けているこれらの巨人達が、何故、あの半世紀の間に集中的に登場したのか。いわゆる存在感のある巨匠が、二〇世紀も後半に入る頃から、何故、急速に姿を消したのか——。

その理由の解明は本書の目的ではないが、とにかく右に列挙した指揮者達は第二次世界大戦の戦雲迫る時期、ウィーンで、またザルツブルクで次々とウィーン・フィルの指揮台に立ち、このオーケストラの歴史に不滅の名を刻んだ。そしてウィーン・フィル、ベルリン・フィル、それにロイヤル（元アムステルダム）・コンセルトヘボー管弦楽団という、いわゆるヨーロッパの三大オーケストラが、コンサート・オーケストラとしての実力と名声を不動のものとしたのもまさにこの時期、これら綺羅星の如き偉大な才能との接触を通じてであった。

完全主義と荒技

この時代のウィーン・フィルと巨匠達との挿話《エピソード》を取り上げてみよう。

トスカニーニは、一九三三年一〇月、楽友協会《ムジークフェライン》大ホールで行なわれる定期公演指揮にあたって、五回のリハーサルを要求した。通常は三回である。天下のウィーン・フィルに対しても、この完全主義者の練習態度は変わらず、稽古は峻烈を極めた。

「すべての音楽は、歌うことに由来する」という一語ではじまる、われわれから見れば、あのウィーン・フィルに対して、言わずもがなの、しかし恒例となっているトスカニーニの悪名高きリハーサルは開始されたのであるが、さすがの彼も、この誇り高いオーケストラには他の団体に対するような罵詈雑言は自制せざるを得ず、ときにイライラと、指揮棒の先を少しずつ指先で折りながら（通常は真二つにへし折って投げつける!）、「忍耐《パティエンツァ》」と口中で呟くのであった。

峻烈極まりない練習で名高い完全主義者アルトゥーロ・トスカニーニ（ユニバーサルミュージック提供）

当時、新進ピアニストとしてウィーン・フィルと友好関係にあったワルター・パンホーファーは、「あいつ、われらのウィーン・フィルに三〇回もリハーサルをしおった」と、忿懣やる方ない表情で私に往時の想い出を語ったことがあるが、正確には五回である。

関連したエピソードを続けたい。

クナッパーツブッシュは、ウィーン・フィルの人々から最もその人柄を愛された指揮者であるが、とにかく練習《リハーサル》を嫌い、コンサート開始と終了後の客席への挨拶を面倒臭がる点では、史上最高と称してもいいような人物であった。

「リハーサルをやると、俺の手の内がオーケストラに事前に判ってしまう。すると、本番で緊張感が薄れる」というのが彼の言い分だった。自分の指揮《バトン》テクニックと、オーケストラに対する信頼関係抜きにはなし得ない荒業《あらわざ》である。トスカニーニとはまさに正反対。

彼については、オーケストラの要請でしっかりリハーサルをして臨んだ本番でミスが生じたとき、「それみろ。練習なんかするからだ！」と怒鳴ったという話、トスカニーニが（強度の近視だったため）、常に暗譜で指揮をしたのに対して、「俺は楽譜が読めるからな！」と言い放った挿話など、文字通り、話題は尽きない。

「挨拶嫌い」ということでも面白い記録がある。

楽団創立一五〇周年記念のアルバムにも収められているシューベルトの《交響曲第九番》「ザ・グレート」のライヴCDに、冒頭、客席の拍手が鳴り止まないうちにホルンの先導で曲が始まっている有様が実に見事に（?）収録されていた。クナの面目躍如と言えるだろう。

私が彼と親密な協演歴を持つ楽員から直接聞いた話。

「戦争が終わって（ナチスへの協力容疑による出演停止期間が過ぎ）、しばらくぶりに国立歌劇場のオーケストラ・ピットでわれわれと再会したときも、予定は昼間にリハーサルの筈だったのだが、彼はメンバーをズラリと見まわすなり、『昔の仲間が結構いるじゃないか。今夜は昔通りうまくやろうな』と言って、さっさとホテルに帰ってしまった。『その晩は』って？　むろん大成功だったよ」「私の経験した限りにおいて、彼はただの一度も振り間違いをしたことがなかった。あんな凄い人も珍しいね。とにかく絶対に《ネバー》――だ」（元楽団長・第二ヴァイオリン首席奏者ヴィルヘルム・ヒューブナー）

「『楽譜を開いていたか』って？　ええ確かに総譜《スコア》は彼の前の譜面台にのっていたし、指でページをめくってはいましたよ。でも、何年付き合ったか記憶にないくらいだけど、彼が譜面に眼をやった姿は見たことがなかったね」（元首席クラリネット奏者アルフレッド・プリンツ）

練習嫌いが徹底していたクナッパーツブッシュ（ユニバーサルミュージック提供）

とにかく、こういう人達が二〇世紀前半のウィーン・フィルを鍛えた。身体で憶えた記憶は消えない。ウィーン・フィルにとっての最初の頂点は、一九三〇年を挟んだ一〇年あまりの期間だったのではなかったか——これは私ひとりの見方ではないと思う。

オーストリアがドイツの一地方に

指揮者フルトヴェングラーの生涯と事績を描いた書物のどこかで、「彼にとって、最も幸せだった時期は、一九二二年から三三年までの約一〇年間であった」という記述を眼にした憶えがある。ライプツィヒ・ゲヴァントハウス、ベルリン、そしてウィーンと、ドイツ語圏におけるそれぞれの頂点と言ってもいい地位をわがものとし、日とともに、名声は高まる一方であった。

その〝昇竜〟と言ってもいい歳月の流れが、一九三三年になって突如、打ち切られる。そして、彼が手兵ベルリン・フィルとともに愛してやまなかったウィーン・フィルが存亡の危機に直面するのである。

一九三三年一月三〇日、隣国ドイツに第三帝国＝千年王国を称したナチス政権が誕生してから、オーストリアの政情は一挙に緊張の度を加えた。この国にはもともと親ナチスの空気があった。「この際」という動きが国内にはあり、やがてその動きは三八年二月のシュシュニック首相の総統ヒトラー訪問、両国合併＝実質はドイツによるオーストリア併合へと進む。首相訪独の直後、三月一一日、ナチスの軍隊は民衆の歓呼の声に迎えられてオーストリアに進駐、環状道路《リンゲ》と繁華街ケルントナー大通りには鉤十字《ハーケンクロイツ》のドイツ国旗が翻った。

議会制民主主義国家であることをやめ、ヒトラーの〝大ドイツ帝国〟の一地方となったオーストリアには、ドイツの法律が厳格に適用されることになる。

ウィーン・フィルにとっての由々しき問題は、自主独立の楽団運営権を失なって、ドイツの命令で動く国策機関に転落する惧れが生じたこと、悪名高き〈ニュールンベルク法〉（人種差別・ユダヤ人排斥を謳った稀代の悪法）の適用を受けて、ユダヤ系楽団員追放の動きが現実化したこと、更には若い楽員がドイツ軍に徴兵され、戦線に駆り出される危険性が生じたことであった。

独奏者として立つ意思を固め、亡命の道を選んだシモン・ゴールドベルク

楽団の幹部は、ナチスに対して強い発言権を持つフルトヴェングラーに救いを求めた。

彼は直ちに行動を開始し、問題解決に奔走するが、ユダヤ系楽員の喪失だけは喰い止めようがなかった。

ベルリン・フィルからも、すでにコンサートマスターのシモン・ゴールドベルクをはじめ、何人かのユダヤ人が姿を消していたが、ウィーン・フィルに対しても、厳格にナチスの法律が適用されれば、二一人が〝非アーリア民族〟として職を失なわなければならなかったのである。結局は、そのうち九人は残留に成功したが、追放された一二人は、亡命か故国残留か、いずれかの道を選ばざるをえなくなる。詳細は明らかではないが、少なくとも二人はナチスの手によって強制収容所に連行され、悲惨な環境の中で命を落とした。

「ウィーン・フィルというオーケストラが、さまざまな危険に直面しながら生き延び、戦後、不死鳥の如く再起できたのは、ひとえにこのときのフルトヴェングラーの尽力の賜物」と、当時の関係者達は口を揃えて言う。

戦争末期、フルトヴェングラー自身が、遂にナチスの秘密警察に追われる身となる。彼は戦時中最後の演奏会をウィーン・フィルと行ない、夜陰に乗じて徒歩でスイス国境を越える。

ドイツ・グラモフォンがオーストリア放送などと提携して、一九九一年、ウィーン・フィル創立一五〇周年を祝う一二枚組のCDを制作したとき、戦中最後の記録——ブラームスの《交響曲第二番》もその中に収録された。残念ながらトスカニーニとメンゲルベルクはないが、先に列挙した巨匠とのライヴ録音がズラリと揃っていて壮観である。このアルバムは、オーケストラの側から見た指揮者の品定めと考えると、まことに興味深い。

そのアルバムの中に名をつらねているクレメンス・クラウスは、一九二二年、第一楽長という称号で国立歌劇場に登場、二九年には音楽監督に就任した人である。三〇年には、ウィーン・フィルの常任指揮者にも就任している。

クラウスはウィーン生まれのウィーン育ち、つまり生粋のウィーンっ子であった。後述の如く、彼の常任指揮者在任期間は僅か三年に過ぎなかったが、親密な関係はその後も続き、一九四一年一月一日には、後年、ウィーン・フィル最大の〝人気番組〟となるニューイヤー・コンサートが、クラウス指揮のもとで（戦時下、市民の志気を鼓舞する催しとして）発足《スタート》している。

氷の上を走る重戦車

すべての集団には、その集団の統一された意志を作り上げ、外部に伝達するための統率者《リーダー》が不可欠である。統一された意志を抜きにして、集団が自己の存在理由や行動の意義を語ることは難かしい。

オーケストラについて言えば、音楽解釈、音楽表現の統一は、指揮者の頭脳と感性、及びそれを楽団員に的確に伝えうる表現能力と、楽団員の演奏意欲を掻き立てるモチベーションの力を通して形成される。客演指揮者のみに頼った場合は、毎週のように統率者が交替するわけだから、楽団の順応性は増しても、オーケストラとしての個性は減退するのが普通である。

しかも、専任の訓練士《トレーナー》を欠いた集団には、自己満足と怠惰な空気が充満し、「ある日気がついてみたら」といった状況に陥る可能性は大いにある。

しかし、唯ひとりの指揮者と長期間の関係を持つことから生ずる弊害（倦怠感、マンネリズムなど）ももちろんあり、利害得失を軽々に論ずることは出来ない。

常任指揮者というタイトルは、本来、そのオーケストラの演奏活動＝プログラムの決定権と、客演指揮者や協演する独奏者《ソリスト》の指名、それと楽員に対する人事権の専管保持者の称号である。最後の楽団員人事権は、トスカニーニ＝ＮＢＣ響、セル＝クリーブランド管などの場合は、採用・解雇の権限まで与えられていたが、現在、そこまで独裁的権力を持つ指揮者はいなくなった。

名楽団長として令名高かったウィーン・フィルのオットー・シュトラッサー（第二ヴァイオリン首席奏者）は、一九七〇年代に書いた回想録の中で、競争相手《ライヴァル》のベルリン・フィルを羨み、「二〇世紀になってから、彼等はニキシュ、フルトヴェングラー、カラヤンの三人しか常任指揮者を戴かなかった」と記しているが、この三人は巨匠中の巨匠であり、オーケストラ史の中ではむしろ例外中の例外と見做した方がいいかもしれない。

これだけの人物がひとつのオーケストラの訓練・統率・指揮を長く専管すると、そのオーケストラには、ときに比類ない響きと歌いまわしが付与される。世に「フルトヴェングラー時代の」とか、「カラヤン全盛期の」と形容されるベルリン・フィルの響きは、その典型的な例であろう。後者については、作曲家で評論にも健筆を振るった柴田南雄が「氷の上を走る重戦車」という名言を遺している。

常任指揮者制の廃止

シュトラッサーも述べているが、ウィーン・フィルというオーケストラにとって、専任リーダーを戴くことの難しさは、彼等の本業が世界有数の歌劇場の伴奏オーケストラであるという一事に起因する。

常識的に言えば、国立歌劇場の音楽監督が兼任するのがスジであろうが、とにかく歌劇場というのは華やかなのは外観だけ。小澤征爾の章でも触れたように（一一九頁）、裏面は人間の権力欲、金銭欲、ときには肉欲というさまざまな欲望がナマでぶつかり合う凄絶な闘争と葛藤の世界である。

ウィーンの国立歌劇場がしばしば〝伏魔殿〟と呼ばれるのは、それがほとんど体質化されてしまっているためで、マーラー以来、ベーム、カラヤンをはじめとして、音楽監督としての職務を全うし、有終の美を飾ることのできた指揮者の数は限りなくゼロに近い（ドレーゼという管理畑の専門家の手になる『栄光のウィーン国立オペラ劇場』という大冊の書物には、彼の音楽監督としての苦悩と苦渋の日々が、怨み節を交えて克明に記されている。「栄光」ではなく、「怨念」の書のように私には思えるが。芹沢ユリア訳〈文化書房博文社〉）。

したがって、必然的にコンサート・オーケストラであるウィーン・フィルは、その余波を蒙らざるをえない。芸術上の諸問題と、俗世の煩瑣な出来事が層をなして絡み合う。関係者は奔命に疲れ果てる。一九世紀後半のマーラー時代から三十数年間、この錯綜した関係に活路を見出すべく、さまざまな試みが続いた。そして一九三〇年、多忙を極めるフルトヴェングラーの辞任後、前年の九月から国立歌劇場の音楽監督に就任したクレメンス・クラウスが、ウィーン生え抜きのエリートとして満天下の期待を集め、ウィーン・フィルハーモニーの常任指揮者に就任する。

しかし、これも奮闘空しく、その治世は三年にして終わりを告げた。

以後約七〇年の長きにわたってこの楽団には、芸術上の諸問題、人事に関わる案件の総括責任者たるべきウィーン・フィルの顔＝常任指揮者がいなくなった。一〇〇名を超える現役の一流音楽家の自治という、不思議な、企業経営などを経験した者の眼からみたら「社長不在」というに近い、まず実行不可能としか思えない楽団運営が出発《スタート》することとなる。公演プログラム、楽団員人事、客演指揮者や独奏者《ソリスト》の選任、国外公演などの決定権は、常任指揮者から、すべてオーケストラ側《サイド》に移った。二一世紀の初頭のいまでも、旧体制復活の兆しは見えない。

指導者から仲間へ

「時代も変わった。人間も変わった。そういうことだと思う」

エルンスト・オッテンザマーは短い言葉でそうコメントして、口を噤《つぐ》んだ。

何がしかの感想が言葉の裏にはあったのだろうが、私には時代の変化を淡々と述べたように聞こえた。

「カール・ベームとか、カラヤンとか、世を去ったひと昔前の指揮者について伺わせて下さい」

と、私が切り出した途端の、結論めいた注釈《コメント》であった。

「ベーム、カラヤンが最後になるのかな。あの人たちの時代までは、良い指揮者というのは偉大な指揮者――写真を額縁に入れて、壁に飾って、それに向かって毎朝お辞儀をする――そんな人物像《タイプ》の別名でした。とてもかなわん。ご指導を仰ぎたいって。その昔は、もっと偉かったみたいですね、先輩のプリンツさんの頃は。ワルターとか、クナとか、もう顔付きからして違う。どうしてなんだろうね。

首席クラリネット奏者エルンスト・オッテンザマー。指揮者、室内楽奏者としても著名な人である（コンサート・エージェンシー・ムジカ提供）

いまの指揮者についてですか。私に言わせれば、彼等は〝仲間《カメラーデ》〟、音楽仲間です。一緒に音楽をやりましょうっていう。マゼールとか、ムーティとか、アバドとか、それぞれ優れた音楽家だとは思うけれど、ベームやカラヤンとは明らかに違います。指揮者と楽団員との付き合い方が異次元の世界なんですね。これは私の年齢のせいじゃない。世の中全体がそういうふうになってきたし、音楽の世界もやはりそうなった――ということでしょう。

ブーレーズとかアーノンクールとか、長老格と言ってもいい人達も、私に言わせれば偉大な指導者というより良き解説者という印象ですね。『この音楽はこう出来ているんだから、そういうふうに弾いて下さい』っていうような」

明快な解説であった。

一九五〇年代から六〇年代にかけて、音楽の世界から巨大な才能が姿を消した。

これは懐旧の想い、「昔は良かった」というような類いの話ではない。心ある人がCDを聴き、遺された映像を観て等しく口にする言葉である。

最初にそのことを明言した現役の音楽家は、私の記憶ではピアニストの内田光子である。ヴァイオリニストの天満敦子や篠﨑史紀、オーケストラに在籍する藤井洋子（クラリネット）や渡辺克也（オーボエ）との会話でも、よくその話題が出る。「古い」とか言って嗤《わら》う音楽家ももちろん少なくないが、それはその人たちの価値判断の問題である。

現実問題として私は、「CDが売れなくなった。コンサートの入場券《チケット》の売れ行きが不振だ」という、内外の実状と関係者の悲鳴を現場でイヤというほど耳にしたうえでこの文章を書いている。

ウィーン・フィルのチケットが、現地のウィーンでも日本でも、彼等の旅行先いずこにおいても常に入手困難であることは嬉しい。ベルリン・フィルもほぼ同じ。この二つの楽団のコンサートで、当日券が並ばないで手に入るような時代が来たら、それはクラシック音楽という文化の一分野《ジャンル》が表舞台から姿を消す日——と観念するほかないだろう。

下積み時代の知恵

「早く偉くなりすぎているということを、ぼくたちは一緒に音楽をやっていて感じる」

オッテンザマーは、対話の締め括りにこんな感想を洩らした。

「フルトヴェングラーもカラヤンも、若い頃、下積みの苦労を存分に味わってますよね。学校を出てるかどうかってこととは関係なく、地方都市の歌劇場の舞台裏でピアノを弾いて。コレペティトゥールって言うでしょう。歌手に稽古をつける仕事です。それから副指揮者。名前はいいけど、まあ裏方に毛の生えたような肉体労働者です。

一歩間違えるとくじけてしまいそうな、そんな毎日の生活の中から、一筋の道筋《ルート》を自分で見つけ出して、栄光への階段を登って行ったわけです、あの頃の指揮者は。だから、現場の苦労が身についている。指揮法だって、誰かに教えてもらって、要領よく手に入れてるんじゃなくて、自分で学び取ったものだから幅が広いし、奥も深くて応用が利く。

いまの若い人たちは学校で教えてもらって、コンクールなんかで優勝すると、すぐに良い仕事をさせてもらえるでしょう。だからレパートリーも少ないし、教えてもらった曲が底をつくと、たちまち馬脚をあらわしちゃう。

自分で考え抜いた末、確信をもって『こういう音楽をやってくれ』と棒《タクト》を振ってもらえば、ぼくたちはちゃんとそれに応えますよ。それがオーケストラ・プレイヤーの仕事なんだから。
でも、誰かに教わったこととか、思いつきを音にしようと思ってもダメ。そんなの、すぐ見破っちゃう」

統率者不在

ウィーン・フィルが常任制を止めた一九三三年以降も、フルトヴェングラー、ベーム、カラヤンといった巨匠が〝名誉指揮者〟〝首席指揮者〟という名称《タイトル》を戴いて、蔭になり日向《ひなた》となって、このオーケストラと深い関わりを持って来た。彼等の影響は、いまなおこのオーケストラに体質の一部となって刻まれている。

それ以後、国立歌劇場の音楽監督を経験したマゼールやアバドとも蜜月時代はあったようだが、長続きはしなかった。一昔前のデイミトリー・ミトロプーロス（フルトヴェングラーは自分の後継者に、とまで評価していた。クラリネット奏者のプリンツは、『生涯で、最も忘れ難い人物』と語っている）とか、「協演していて、いちばん幸せな思いを味わえた人」（キュッヒル）と楽員達に慕われていたアンドレ・プレヴィンのような指揮者もいるが、右に挙げた三巨頭との関わりから見れば、とても比較にならないだろう。

そして、一九七〇年代の初めまで、マーラーの音楽に「喰わず嫌い」とも言える反感を抱き、プログラムに入れることを喜ばなかったウィーン・フィルの面々を説得して、遂にメイン・レパートリーのひとつにまでさせてしまった（ヘッツェル、ヒューブナー談）レナード・バーンスタインとの親交、トスカニーニ以来のイタリアの交響曲指揮者カルロ・マリア・ジュリーニとの実り多き仕事の数々も、古参の楽団員にとっては忘れ難い想い出ではあろうが、それとても彼等の、フルトヴェングラーやカラヤンに対する「畏敬」とか「思慕」という感情と同列に置くわけにはいかないだろう。

「強力な自主制を持ったオーケストラ」であり、最高の人気と実力を兼ね備えた音楽家の集団ではあるが、地位や名称はともあれ、ベーム、カラヤンの死後、実質的な統率者《リーダー》を欠いているウィーン・フィルが、財政難——国や市からの歌劇場に対する文化予算の大幅削減といった足許を揺るがすような地殻変動の中で、これからどのような舵取りをしてゆくのか、気がかりなところである。

第8章　黄金の響きを追って

フルトヴェングラーの告白

〈私がウィーンに長期滞在をはじめたのは二〇年前。いまは姿を消してしまったのですが、ウィーン・トーンキュンストラー管弦楽団の指揮者としてでした。優秀な楽団でした。

私自身、その頃、ワインガルトナーが指揮していたウィーン・フィルハーモニーの演奏会に足しげく通い、とりわけ弦楽器奏者たちの、独特の光沢をもつ、流麗な響きに深い感銘を覚えておりました。ウィーンという街には、ご存知のように、〝物識り〟と言われている人たちが沢山おりますが、彼等の自信ありげな説明によれば、この美しい響きのよって来たるところは、奏者たちが使用している質の良い楽器によるとのことでありました。ウィーン・フィルの弦楽器奏者たちは、当時も現在と同じように、レムベックというヴァイオリン・メーカーの製品を使用していたのです。

そこで私は、(楽器調達の可否を) この会社に打診してみました。すると、当主のレムベック氏は、わがトーンキュンストラー管弦楽団のために、ウィーン・フィル用のものと同じ種類の弦楽五部用の楽器を快く調達して下さったのであります。その結果、私はわがオーケストラから、かの有名なウィーン・フィルハーモニー管弦楽団と同じ美しい響きを引き出しうるという可能性と希望を手に入れることになったのです。

ところが、残念ながら、思惑は的はずれでした。私のオーケストラの音はいっこうに〝フィルハーモニー的〟な音とならず、結果的には普段よりも鈍い、光沢のない響きになってしまったのです。結局、私達は次のコンサートでは、再び自分達の使い慣れた弦楽器を取り出さざるをえませんでした」(ウィーン・フィル創立一〇〇周年記念講演より。一九四二年、『音と言葉』所収。中野意訳)

この記述を眼にしたとき、申し訳ないけれど笑ってしまった。

「あのフルトヴェングラーにして、判っていなかった!」

フルトヴェングラーが途方に暮れたらどんな顔付きになるんだろうと、つまらない想像をめぐらせて楽しんだりもした。

もちろん一面の真理はある。

演奏家にとって、楽器は歌手の声帯にあたる。名手が弾けば、楽器はそれなりに良い音を出すが、いかなる名人・巨匠の腕をもってしても、その楽器が本来持っている表現力を超える演奏をすることは不可能である。音色、音量、唱う能力——それらはその楽器が製作された時点でビルト・インされた資質であって、それが時間の経過の中で熟成・乾燥・使い込みなどによって変化（変質ではない！）した姿を、私達は見、そして聴いている。

レムベックというヴァイオリン・メーカーの楽器を使わなければ、ウィーン・フィル独特の弦の音は出せない。しかし、レムベックを使ったからといって、どこのオーケストラでも軽やかで、しかも艶があり、極上の絹織物を想起させるようなあの音色を再現できるとは限らない。

同じ作者の楽器を調達し、同じ音色を再現しようと苦闘していた頃、フルトヴェングラーは同じ街のトーンキュンストラー（いま活動している同名の楽団とは異なる）というオーケストラを率いていた。同じ街のオーケストラが同じ楽器を使って、フルトヴェングラーが指揮をしても、同じ音色の再現はできなかった！

ひとつの街から生まれ育った息子達

〔音楽を創り出すのは楽器ではありません。響きそれ自体が問題とされる場合でも、同じことが言えると思います。更に言うなら、（音楽や響きを生み出すのは）流派でもなければ知識でもない。それはひとえに人間そのものであり、芸術的行為の背景で真の動機として働く、個々人の生命感情なのであります。その生きた証明が、豊かな個性を持ったウィーン・フィルハーモニー管弦楽

団なのであります」（前掲書。傍点・中野）
　同じ講演の中で、フルトヴェングラーは、ウィーン・フィルというオーケストラの醸しだす独得の音色の源が、楽団を構成する「音楽家個々人の生命感情」に発している、と結論づけているのである。
　そして同じ講演の中で、続けて、
〔ウィーン・フィルを他のオーケストラと異質なものとして特色づけているものは何なのか。ヨーロッパの音楽界において占める特殊な地位は何に起因するのか。それは結局のところ、このオーケストラがウィーンのオーケストラであるからという、逆説的《パラドキシカル》に聞こえるかもしれない一事に尽きる〕
　と説明している。
　フルトヴェングラーの解説は続く。
〔メンバーはごく僅かな例外を除き、すべて生っ粋のウィーンっ子であり、この街で育っている。そこにはウィーン流のフルート奏法、オーボエ奏法、クラリネット奏法が受け継がれており、ウィンナ・ホルン奏者、ウィンナ・ファゴット奏者、金管楽器奏者、打楽器奏者が活躍している。弦楽器奏者もウィーンの伝統を受け継いでいる。
　つまり、オーケストラのメンバーひとり残らずがこれらの伝統の担い手なのである。楽団の全員＝ウィーン・フィルに所属する一流の名手達全員は、いわばひとつの風土、ひとつの街から生まれ育った息子達にほかならない。これは、世界中どこを探しても類を見出しえない現象である。そして、そこに住む人達が、かくも豊かな音楽的生産性を示したという点においても、ウィーンにまさる街はこの世に存在しないのである」（傍点・中野）。

講演が行なわれたのは一九四二年。この頃オーストリアは、ヒトラーの大ドイツ帝国に併合され、政治的独立を失なっていた。そして前述の如く、ナチスの文化政策によって楽団の独立性は幾度か危機に瀕した。創立一〇〇周年の節目に行なわれた講演であるが、そう思って読むと、フルトヴェングラーという音楽家の芸術的良心、不屈の音楽家魂が行間から溢れ、弾《はじ》けるような内容である。

「自分とベルリン・フィルは、ドイツ文化そのものとも言えるドイツ音楽の担い手であり、伝統継承の責任者である。政治がナチスの支配下にあるという理由で、ベルリンを去るわけにはいかない」と言って、わが身に秘密警察の魔手が迫る敗戦の年（一九四五年）の一月まで弾雨降りそそぐ第三帝国首都ベルリンの指揮台に立ち続けたこの人は、おそらくナチスの高官が多数列席したであろうこの式典で、ことさらにウィーン・フィルの価値＝音楽文化に占める存在の重みを強調し、この稀有としか言いようのない音楽家の集団を護り抜こうと試みたのであろう。

それだけに、指摘は正鵠《せいこく》を射ており、付け加えるべき言葉はない。

ホールがオーケストラの響きを決める

「付け加えるべき言葉はない」と前節を締め括ったが、ウィーン・フィルというオーケストラの持つ独得の音色について、少しばかり解説を試みたい。

二〇〇一年の初頭、アバドの率いるベルリン・フィルハーモニー管弦楽団がウィーンでベートーヴェンの《交響曲＆ピアノ協奏曲》全曲演奏会を催した。五曲の《ピアノ協奏曲》の独奏者としてアルゲリッチ、ポリーニなど五人のスーパー・スターを揃えるといった豪華な催しだったが、リハーサルの合間に旧知の複数の団員が、

「この楽友協会《ムジークフェライン》のホール、とても響きの良いホールなんですが、バランスとコントロールを誤ると、低音域なんかで音が割れることがあるんですよ。結構難しいところもあるホールです」

と教えてくれた。

ベルリン・フィルのチェロやコントラバス・パートが抜群の奏者を揃えているのは先刻ご承知の通り。「弾け過ぎるのも、ときには問題なのかな」と、そのときは、ふと思ったりした。このチクルスでアバドは、弦楽器奏者の数を曲想に応じて自在に増減し、作曲年代に応じた作曲技法と響きの違いを巧妙に再現して好評を得ていた。

それからほぼ一年後、私は首席クラリネット奏者のオッテンザマーに会ったとき、質問を試み

た。「ベルリン・フィルの人達がこんなことを言っていましたけど」と。

「オーケストラが醸し出す音色はね、そのオーケストラが本拠地としているコンサート・ホールの響きが造り出すものなんだよ。そのホールが持つ固有の鳴り方ですね。

　ウィーン・フィルを例にとれば、一八六九年に出来たムジークフェラインの大ホールでいつも弾いている。リハーサルも本番も、いつもあそこです。だからわれわれは、あのホールでいちばん良い音のする奏法を工夫して、自然に身につけてしまいました。正確に言えば、そのような響きを自然に産み出したのは先輩達で、われわれはあとから楽団に入って、その響きに融《と》け込んでいったわけですが……。

　ですから私達ウィーン・フィルの楽団員の頭の中には、ムジークフェライン・大ホールで弾いたオーケストラの響きが染みついている。それがいちばん自然で、美しく感じるんですね。

　さてそこで、私達が東京に行ったり、ベルリンに行ったとします。サントリーホールでも、ベルリンのフィルハーモニーホールでも、私達は本能的に、身体に染みついたムジークフェラインでの響きを再現しようとしてしまいます。両方とも良いホールですが、ムジークフェラインとは鳴り方が違う。そこで総練習《ゲネプロ》をやり、本番をやりながら、われわれは自分達が理想と考えているあの音に、現実を近づけていこうと試みるわけですね。無意識のうちにですが」

　――すると、ウィーンでのベルリン・フィルは？

「彼等はあのフィルハーモニーホール――カラヤン・サーカスと呼ばれる葡萄畑型《ヴィンヤード》・オープンエ

ムジークフェラインの大ホール（オーストリア政府観光局提供／撮影 Wiesenhofer）

ア・タイプの大型ホールで磨き上げて来た響きを、靴箱《シューボックス》型中規模のコンサート・ホールでも再現しようとしてしまう」

——ヴィンヤード型は、音が上に、つまり四方八方に広がるから、高音部が爽やかで、美しい響きになる反面、地鳴りのするような低音は客席に響きにくい。シューボックス・タイプだと、低音はステージのボックスの中で中音・高音とミックスされ、舞台の背面に反射して押し出されるような形で客席に届く。そうすると……。

「そうです。フィルハーモニーホールのようなところで良いバランスを確保しようとすると、どうしても強力なコントラバス・グループが必要になるわけです。そのグループがウィーンでベルリンの音を出そうとすると……」

——低音域の音圧が相対的に強くなり過ぎて、響きのバランスが崩れたり、ひどい場合には〝音割れ〟と言われる現象が生じたりするというわけですね。

「その通りです」

リハーサルと本番

ホールには固有の響きがあって、その響きがオーケストラ固有の音色を造り上げてゆくのだというオッテンザマーの話は、（それが要因のすべてだとは言えないとしても）現場の体験を踏まえた発言であるだけに、明快で説得力があった。

イタリア人、リッカルド・シャイーが常任指揮者になってから響きの質はずいぶん変わってしまったが、ロイヤル・コンセルトヘボー管弦楽団がかって持っていた重厚で渋みがかった音色は、やはりあの不思議な形のステージを持つ、アムステルダム音楽堂《コンセルトヘボー》の存在と切り離して考えることはできない。

指揮者の井上道義にあるときこの話題をぶつけてみたら、「そうですよ。あちらの一流オーケストラは、本拠にしているコンサート・ホールの存在抜きに語ることはできません。ウィーンやアムステルダムのような良い音のするホールと反対のケースだけど、昔、ストコフスキーやオーマンディーの時代に、〝フィラデルフィア・サウンド〟っていうのがあったでしょう。あれは、響きの悪いホーム・グラウンドのホールを使って、なんとか良い音を出そうと関係者が悪戦苦闘した挙げ句の成果なんです。ヴァイオリンの数を増やしたり、奏法を工夫したりしてね」と、いろんなケースを教えてくれた。

余談になるが、日本のオーケストラ活動の問題点のひとつは、リハーサルと本番——その両方を同じホールで自由に演奏できる楽団がほとんどないことである。

ホールのリハーサル室ならまだ良い方で、響きに何の配慮もなされていない工場の食堂跡とか、集会場のようなところを借りてコンサート前の練習を行なうオーケストラが結構多い。そういった場所でも、合わせの稽古ぐらいだったら出来るが、微妙な音色作りはまず不可能である。

井上が深い関わりを持っている新日本フィルハーモニー管弦楽団が、何年か前、すみだトリフォニーホールに招かれて座付き《レジデント》オーケストラになってから、日頃のリハーサルにも大ホールが使えるようになった。

「結果は如何ですか」と訊ねたら、「まったく変わった。良い音を出すし、良い音楽をやるオーケストラになりましたよ。もし昔のままだったら、とっくにツブれていたね」と、彼らしいはね返るような声で返事が返って来た。最後のひとことについての真偽は問うまい。つまり、それほど画期的で、嬉しい出来事だったのである。

ウィーンの響きを持つ楽器

フルトヴェングラーの言葉にもあったように、ウィーン・フィルのメンバーが使用している楽器は、他のオーケストラの楽器とはひと味も、ふた味も異なる。コンサートマスターなど一部の楽員を除いて、その楽器は原則として、オーケストラ所有のものを用いる。だから終演後、楽員は舞台裏で係員に楽器を手渡したり、専用のキャビネットに収納したりして手ブラで家路を辿る。

「ヒドい楽器を使っています」

ライナー・キュッヒルにオーケストラが使っているレムベックなどオーストリア製のヴァイオリンについて訊ねたとき、彼はそう言って顔を顰《しか》めた。楽友協会のビルに工房を構えている老練なオトマール・ラングの職人達が、日夜こまめに面倒を見てはいるが、オペラに、コンサートにと使い方が激しいから、痛みも早いし、トラブルもよく起こる。

　しかし、調整に専念してくれる専門の職人がいてくれるというのは、他のオーケストラから見たら、まことに贅沢な身分と言える。そもそもフルトヴェングラーが所望したレムベックの楽器とは、この店の初代店長ガブリエル・レムベックの作品だったのだから。

　キュッヒルが渋面を作ったオーストリア製のヴァイオリンやチェロは、丁寧に造られた良質の弦楽器ではあるが、一挺何千万円もする、いわゆる銘器ではない。おそらくN響とか、シカゴ響とかのプレイヤーが使っているものに比べれば、値段は少なくとも一桁、ことによったら二桁違うかもしれない。しかし、楽友協会のホールで古典派やロマン派の作品を弾く分には（少なくとも私達愛好家にとっては）、まったく文句のつけようがない。

　むしろ、ブラームスやマーラーがその音色をイメージして曲を書いたであろうことを思うと、よく手入れをしてもらって、大切に末永く使ってもらいたいものだ、と心から思う。ちなみにヴァイオリンなど擦弦楽器の場合、使い方さえ誤らなければ優に四〇〇年、ことによったら六〇〇年以上演奏可能なのである。

　問題は管楽器である。寿命は一〇〇年以内、ものによっては数十年しかない。素材と部品の数、使用法の差である。

　渡辺克也に言わせると、「世界中のオーケストラでは九九・九パーセント、フランス式のオーボエを使っている」のだそうである。ホルン然り、トランペット然り。ドイツ製やフランス製がこの世界では断然幅を利かせていて、かつて隆盛を極めたウィーン式の管楽器は甚だ旗色が悪い。他国のメーカーは改良に改良を重ね、吹きやすくしたり、音を輝かしく大きくしたりすることに専念して市場を広げていったのに、ウィーンのメーカーはひたすら伝統の音と響きにこだわって時流に乗り遅れた。

特に戦後、ホールが大きくなって、聴衆の好みも景気良く鳴る絢爛たる響きを追うようになってくると、古色蒼然、しかも扱いにくいウィーン式管楽器の需要は釣瓶《つるべ》落としに減った。遂にお客は、ウィーン・フィルとその弟子筋（学校など）だけになってしまった。各メーカーは店をたたむしかないといった苦況に追い込まれる。一九七〇年初頭に顕在化した現象である。

経営が成り立たなかったら、メーカーは廃業のほかはない。もともとが中小企業である。職人の数も少ない。後継者が現われる可能性はゼロだから、仮りに店がつぶれなくても従業員の平均年齢は、毎年、確実に一歳ずつ上昇する。いまから約三〇年前、事態の推移を徒《いたず》らに拱手傍観していたら、いまのウィーン・フィルの音はなかった。オーケストラがなくなるということはないであろうが、その響きは限りなく他のヨーロッパのオーケストラに近づいていた筈である。

ホールが同じで、感性の担い手が変わらなくても、楽器が変わってしまえば伝統の音は保持できない。

前にも述べたように、演奏者にとって楽器は、歌手の声帯に当たる。声帯の能力を超えた歌唱が不可能なように、ウィーンの音色を奏でる能力を持たない、そもそものような音色に興味も関心もない他国のメーカー製の楽器からは、決して懐しいウィーンの響きは生まれないのである。

日本の楽器がウィーン・フィルの音を造る

ウィーン・フィル管楽器群の危機を救ったのは、日本の楽器メーカー、ヤマハである。

一九七三年、自分自身の楽器の老朽化に直面し、トランペット奏者としての人生《キャリア》に危機感を抱いたワルター・ジンガーが、ヤマハに相談を持ちかけた。ジンガー愛用のウィーン・タイプ・ロータリー式トランペット製造の伝統は絶え、新型の開発はおろか、旧タイプの複製を造ってくれる工房も見当たらない――というのが当時の実状であった。

切羽詰まったジンガーの求めに同調して、依頼に相乗りした同僚もいたが、反撥もまた激しかった。「東洋人に何が判るか」という本能的な嫌悪感、「ドイツあたりのメーカーに頼むならまだしも、日本の、それもピアノ・メーカーに開発を依頼するとは何事か」という発言も、オーケストラ内部に渦巻いた。しかも、新製品の開発に消極的だった地元メーカーまでが、「ジンガーは、われわれの店を潰す気か！」と騒ぎ出した。勝手なものである。

そんな逆風の中で、ヤマハとウィーン・フィル内部の何人かは、共同で〝音造り〟をはじめた。

楽器製作とは、実に微妙なものである。開発は素材からスタートしなければならないのだが、ウィーンで昔は容易に手に入った素材が、そのときには影もカタチもなくなっていた。そうしたなかでの、当時の感動的な挿話《エピソード》として、往年の名トランペット奏者ヘルムート・ヴォービッシュが、「私は引退しているから」と言って、伝説的銘器である愛器〈ヘッケル〉の一部を金挟みで切り取り、「材料研究の一助に」と差し出したという無償の行為などが伝えられている。

しかし苦労して作ったオーボエが、マーラー、リヒャルト・シュトラウスならそれなりの音を出せるのに、ハイドン、モーツァルトになるとまったく駄目というように、科学がどのように進歩しようと、最後の〝何か〟はどうしても再現できない。〝吹き心地〟もしかりである。感性の次元に話が移ると、開発プロジェクトは難渋を極め、挫折の危機がいくたびもチームを襲った。

しかし、結果は成功――と言っていいだろう。誰がどのように使っているのか、詳しいことは分からないが、ヤマハをはじめ、ムラマツのフルートなど、日本製の楽器が数多くウィーン・フィルで使われるようになった。

正直に言ってウィーン・モデルの市場は、渡辺克也の言葉にあるように、〝極小〟というに近い。何年かかったのか、技術者と職人の何人がこの仕事に携わったのか――苦闘をドキュメントふうに語ったTV番組もあり文献もあるらしいが、正確には判らない。確実なことは、開発した日本メーカーにとって、利益は限りなくゼロ、むしろ永遠の赤字事業になっているのではないかということである。

当時の経営者の英断を称える声も高い。こういう仕事は経営者にとってロマンである。ただし本業がよほど儲《もうか》っていなければできない。一九七〇年代、オイル・ショックが列島を襲うまでは、振り返ってみれば、まことに良き時代であった。

だが、あの時代の経営者《トップ・マネジメント》を多少知る私は、経営者が男のロマンだけで会社の金を技術屋に無駄使いさせたとは毛頭思っていない。ウィーン・フィルとほとんど肉体的接触と称してよいほど密接な関わりを持たなければ完成できない難事業を通じて、ヤマハはウィーン・フィルから彼等の〝感性〟を、苦難の代償として企業文化の中に吸収しようと試みた筈である。

材料研究の一助にしてもらえたらと言って、愛器の一部を切り取ったヘルムート・ヴォービッシュ（右）と元楽団長シュトラッサー

成果がいかばかりであったのか、審判は歴史によって下されるであろう。

標準音高《ピッチ》・四四五ヘルツの意味

「うちのオーケストラ、ピッチは四四五《ヨンヨンゴ》なんだよ」

「知ってたかい？」というような、いたずらっぽい眼付きでオットー・シュトラッサーが私に教えてくれたことがあった。この人は第二ヴァイオリンの首席《リーダー》としてヒューブナーの先輩格。定年まで楽団長を務めた。

第二ヴァイオリンは音楽の内声部——つまり進行する和声の性格表現に決定的と言ってもいい役割を持つパートである。しかし存在はあくまで地味だから、奏者にはいわゆる〝デキた人〟が多い。苦労人と言ってもいいだろう。だから、シュトラッサーもヒューブナーも楽団長に選ばれ、それぞれに〝彼等の時代〟を演出した。

〝ピッチ〟とは標準音高の俗称である。

音は空気の振動であって、高さは振動数によって決まる。世界各国、いつ、どこででも、合奏《アンサンブル》を成立させるために国際標準音高《ピッチ》が決められていて、ピアノの鍵盤のほぼ中央に位置するA^1の音が一応四四〇ヘルツということになっている。

アメリカのオーケストラはほぼこの高さを守っているようだが、演奏効果＝特に音に輝きを増すために、日本の音楽家はおおむね四四二ヘルツという、若干、高目のピッチを好む。仲間うちではこの数字を「四四二《ヨンヨンニ》」というように呼称するのが常である。

「四四五《ヨンヨンゴ》ですか！」

私は驚いて彼の顔を見つめた。ピッチが高ければ音は輝きを増すが、弦楽器などの場合、弦の張力も上昇するので、響きは固くなる。

ところがウィーン・フィルの弦楽セクションの響きは、柔らかいことで定評がある。それがオーストリア製の楽器＝主としてレムベックと奏者の感性、演奏技術の相乗効果に由来するものであることは、この章の冒頭に書いた。

しかし「練り絹のようにしっとりと柔かくて、しかも艶がある」と言われるウィーン・フィル弦楽器の音色が、他のオーケストラと比べるとかなり高めのピッチを採用した結果によるものであったとは——私にとっては、まさに初耳であった。

オーストリア製弦楽器の音色は、どちらかと言えば「渋い」。日本の楽器商はそう言って首をすくめる。輝かしさに欠けるから、独奏《ソロ》などに使うと、イタリア製の楽器に比べて演奏効果が上がらないというのである。そんな楽器を使って、高めのピッチで弾く——ウィーン・フィル弦楽セクション特有な響きの裏には、先人から受け継がれた絶妙な工夫が潜んでいた。

音は自分たちで決める

「ところで」、シュトラッサーはそう言ってニヤリと笑った。

「ロリン・マゼールが国立歌劇場の音楽監督をたった二年で辞めただろ。いろんな理由があったんだが、音楽的には、このピッチの問題が決定打になったんだよ。彼はアメリカ人で、小さな頃から四四〇《ヨンヨンゼロ》で育っている。耳の良い人で、四四〇を基本《ベース》にした音程感覚から逃れられないからピッチの差がとても気になったんだろうね。そのことで遂に言い争いになって、『じゃあ、出て行ってもらおうじゃないか』ってところまで行っちゃった。われわれにとってピッチを四四〇に下

国立歌劇場を二年で去ったロリン・マゼール

げるということは、ウィーン・フィルがウィーン・フィルではなくなることを意味する。絶対に譲れないところなんだ」

渋い音のする楽器に高めの標準音高《ピッチ》、残響が長く（二秒強）、建築後一〇〇年あまりを経て充分に枯らされたホール内の木質素材＝ステージ、壁、床、椅子、そして諸方に貼られている金箔など、さまざまな要素が複雑に絡み合ってウィーン・フィルハーモニー管弦楽団というオーケストラの音色を造る。

だが、この「響き」という最終的な質を決めるのはプレイヤー達の感性である。

常任指揮者がいれば、オーケストラは時間とともに彼の音になってゆくが、ウィーン・フィルはそれを自分達で決める。別に相談がなされているわけではないだろうが、それを護り抜こうとしている。歴史と伝統の中で練り上げられて来た自分達の響きに対して、合奏のタテの線を揃えることに固執するショルティのようなメカニックな美感を持った指揮者が現われたり、マゼールのように響きの質を変えてまで標準音高にこだわる男が指揮台に立ったりすると、彼等は集団で牙を剥《む》いて襲いかかる。

ピエール・ブーレーズにも、サイモン・ラトルに対しても、彼等の音楽造りには積極的に協力し、自分達も彼等から新しい何かを学び取ろうと努めているウィーン・フィルであるが、〝自分達の音楽〟の基本を揺るがすような付き合い方はしない。

賢い指揮者はそのあたりを心得ていて、彼等の積極的な協力を引き出すことによって、他のオーケストラとでは決してなしえないような音楽造りに挑戦《チャレンジ》したり、楽しんだりしている。アンドレ・プレヴィンとかベルナルド・ハイティンクがその好例である。ベートーヴェンの《交響曲全集》の録音を完成させたラトルもそうだろう。

九一年の晩秋、ヒューブナーに「マゼール事件」の話を確認《コンファーム》したら、「間違いない。その通り」という返事が返って来た。

そして、「辞めたのが八四年だろ。四、五年経ってから彼の方で折れて来たので、外国公演などではときどき一緒にやっているようだ」という言葉があとに続いた。

第9章　室内楽は音の対話

人生を音楽で埋める

ライナー・キュッヒルのスケジュールは殺人的である。もちろん彼の予定表を覗いたことなどないが、公私の行動を取り仕切っている真知子夫人と交渉していると、「(九ケ月先の)この日なら、朝九時から三〇分空いています」とか、「(来年の一一月のこの頃)、二日空けろと言われても難しいと思います」という会話が常である。私の経験では、三ケ月ぐらい前にFAXでお願いして、自宅で一時間ぐらいの会話が出来たら奇蹟といった状況であった。

傍《はた》から眺めただけでも、常人ならほとんど気が狂いそうなスケジュールである。まず本業の国立歌劇場オーケストラ・ピット内の演奏がある。三人の交替制だから、毎晩弾かなければならないわけではないが、彼は首席コンサートマスターだから、楽団サイドの出来不出来には重い責任がある。シーズンに新しい演目が加わる場合には〝弓づけ〟——つまり楽句《フレーズ》の音楽的表現を運弓で正確に表現するための指示を、楽譜に書き込む作業をしなければならない。

それに、本書のテーマ、ウィーン・フィルハーモニー管弦楽団定期演奏会の仕事が加わる。しかもこのオーケストラは、国の内外から引く手数多《あまた》だから、海外公演などの要請に応えないわけにはいかない。団員の志気や収入にも関わる重要事項なのである。

普通なら、まずこれだけで手一杯のはずだ。ところが彼の場合、ウィーン国立音楽大学（正式には、ウィーン音楽・美術大学）教授という公職がある。常時、何人か特定の弟子を抱えていて、週に最低一回は個人レッスンを行なう。そのほか自宅でも教えていて、過日、キュッヒル邸を訪れたときにも、何人かのレッスンが私との予定のあとに入っていた。それに加えて、世界の各地で催される、学生相手の〝マスタークラス〟の仕事がある。

こんな日々のなかで、この人は、室内楽活動にも精を出している。

ピアニストを伴ったデュオ・コンサート、自らの名を冠したキュッヒル弦楽四重奏団、精鋭を糾合したウィーン・フィル・ヴィルトゥオーゾ、それに楽しいウィーン・フィル・リング・アンサンブル——最後に挙げた楽団はヨハン・シュトラウス親子や、ランナー、シュトルツなどのワルツや軽妙なポルカを、高度の演奏技術と地元ならではの雰囲気で再現するウィーン独得の演奏集団である。

こうした音楽活動の準備やリハーサルのことまで考えたら、面談や会食の時間はとれる方が不思議であろう。

ピアノの疲れはピアノで癒す

何故、このような過密なスケジュールを組んでまで演奏活動を続けるのか——ライナー・キュッヒルという人が、とにかくヴァイオリンを弾くことが好きで仕方がないらしいからと申し上げる以外、説明のしようがない。本人に訊ねてもおそらく同じ答えが返って来るのではあるまいか。名ピアニストのバックハウスは「余暇には何をなさいますか」という質問に、「ピアノを弾きます」と答えたという。ヴィルヘルム・バックハウスも、ライナー・キュッヒルも、日頃の疲れやストレスを、本業と同じ行動で癒してしまうという、凡人から見たらまことに羨ましい資質を神から授かって、この世に生を享けた人達なのである。

この類いの人たちと付き合っていると、「天才とは努力する才能である」という西洋の格言は正しくないのではないか、とすら思えてくる。楽しいからやる、やればやるほど面白くなる、だから眠る時間も惜しんでやる、だからますます巧くなる——ただそれだけのことなのであろう。

本人達にも、「努力している」などという自覚がない。

バックハウスの弾くベーゼンドルファーのフルコンサート用ピアノの鍵盤の深度、つまり動く範囲は僅か一〇ミリ。彼はその一〇ミリの空間を一〇本の指で自在に操り、フル・オーケストラを想起させるような色彩豊かな音楽を奏でる。指の数は一〇本であるが、鍵盤に触れる指先を操る腕と指の関節数は左右合計で三四ケ所ある。

鍵盤を押さえる速度と強さ、各々《おのおの》の指の力のバランス、鍵盤から指を離すタイミング（指で鍵盤の底を押し続ける間、弦は減衰しながら震動を続ける）、鍵盤の底約八ミリぐらいのところに設けられた、アフター・タッチと称する微妙なクッションのコントロール――加うるに三本の足踏みペダルの操作。見方によっては極めて単純《シンプル》な、しかしそれらメカニズムと奏者の手足の運動との組み合わせを考え出したら、ほとんど無限に近い表現の可能性を持つとも言えるピアノという楽器の面白さに取り憑かれて、暇さえあれば（?）、バックハウスは己《おの》が楽器と向かい合う。

ライナー・キュッヒル（コンサート・エージェンシー・ムジカ提供）

コンサートの緊張、レコーディングのストレス、本番準備のための譜読みや練習《リハーサル》の疲労は、余暇を見つけてはピアノを弾くことで癒す。

ライナー・キュッヒルというヴァイオリニストの日常は、こうした伝説上の異才の挿話《エピソード》を想起して、はじめて説明がつく。「お金が欲しいんだろう」と、したり顔で私の気持ちに冷水を浴びせた経済人がいたが、そんな低次元の話ではない。

何年か前、名楽団長ヴィルヘルム・ヒューブナー存命中の話である。

友人のお嬢さんがウィーンでヴァイオリンの勉強をしたいのだが、伝手《つて》がなくて困っているという。「では」と、早速、ヒューブナーに電話で相談をしたら、「私がその子の演奏を聴いてみて、しかるべく判断をするから、とにかくこちらに寄越せ」との返事である。翌月、彼女はオーストリアに旅立った。

何日かしてヒューブナーから連絡が入った。「良い子だから、キュッヒルに頼むことにした」という。「そんな偉い人につけるのか！」と驚いたら、「彼の嫁さんは私が世話をした。だから、彼は私の命令なら何でも聞く」と、至極ご満悦であった。

ところがその二日後、ヒューブナーは脳梗塞の発作を起こして倒れ、そのまま帰らぬ人となった。少女は異国の街でただ一人、茫然自失の想いで立ち尽くしていたが、日ならずしてキュッヒルから連絡が入り、「私が面倒をみてあげますから、心配しないように」との伝言があった。

以後二年間、彼女はキュッヒルがウィーンにいるときは、必ず週一回の個人レッスンを受けた。しかも彼は、一シリングの報酬も受け取っていない。「あなたは恩人ヒューブナーの最後の弟子である。遺志を託された私は、あなたからレッスン代をいただくわけにはいきません」というのが、「払わせて下さい」と頭を下げる少女とその両親、困り果てた仲介者の私に対する言葉であった。

「この人は、とにかくヴァイオリンを弾いていたいんだ。ヴァイオリンを弾くことが好きなのだ」と、あるときから私はそう思うことにした。歌劇場のオーケストラ・ピットや、楽友協会《ムジークフェライン》のステージの緊張は、気のおけない仲間との室内楽で解消させる。

「音楽をやった疲れは、音楽で癒す」

バックハウス以外にも、そんな生き方をしている人が何人もいたのだ。ヒューブナーは、晩年、ウィーン郊外の小高い丘の中腹に別荘を建てたが、ピアニストの深沢亮子など、彼のお世話になった数多くの日本人音楽家の話によると、彼は何かというとそこに仲間を集めてはアンサンブルを楽しんでいた。「仕事が趣味」とか、「趣味が仕事に」などという言い方をわれわれ凡人はよくするが、一流に〝超〟の字がつくような人物の生き方は、それとはまた異次元の世界にあるのだと、私には思われてならない。

コンサートマスターとソリスト

ウィーン・フィルのメンバーを主力奏者とする演奏団体がどれくらいあるのか——私には見当もつかない。

由緒正しい、いわば常設と言っていい団体の筆頭格にウィーン八重奏団《オクテット》とウィーン室内合奏団《チェンバー・アンサンブル》があるが（ウィーン・フィルハーモニー管楽アンサンブルも加えた方がいいかもしれない）、名称は同じでも構成メンバーは時代ごとに替わっており、CDを購入するときも録音時期と構成メンバーを確認してからでないと、それが雑誌や書物の推薦盤なのかどうかは保証できない。

ウィーン・フィルというのは凄い団体である。永年現地で生活され、名門・英デッカ（日本のレーベル名・ロンドン）の録音現場にも数多く立ち合われたレコード・プロデューサー佐々木吉彦氏の回想によると、何日がかりかで収録作業が行なわれるような大物（例えばオペラとか宗教音楽）の場合、録音会場に現われるメンバーの顔振れが結構替わる。

「弦楽器群で何人かが入れ替わっても、われわれにその違いが判らないのは当たり前です。でも、木管なんかは、他のオーケストラだったら首席が入れ替わったりすればすぐに判ります。ところが、ウィーン・フィルだけは判らない。モニター・ルームでもホールでも判別できませんし、出来上がって来たレコードを聴いても、メンバーが入れ替わっているなんてことは専門家でも判らないんです」

ちなみに佐々木氏は日本の音大でクラリネットを専攻し、ウィーンのコンセルヴァトワールで学んだ経験を持つプロデューサーである。ウィーン・フィルというオーケストラが、響きの質と歌う表情を、メンバーが交替しても微動だにさせないという制御《コントロール》の力とそれを支える技術力の高さには、いまさらながら敬服のほかはない。

ただし、室内楽を演奏するときは別である。ライナー・キュッヒルも「オペラやオーケストラ演奏だけではストレスが溜まるから」と言っていた。

いかに名門ウィーン国立歌劇場とは言っても、薄暗いオケ・ピットの中で、決められた同じタイトルのオペラを、何十回も繰り返すのはそう楽しい仕事とは言えないだろう。演《だ》し物のすべてが名曲・傑作というわけではない。歌はともかくとして、オーケストラのパートが単調だったり、出来が良くなかったりという曲も少なくないだろう。

おまけに、指揮者といつもうまくいくとは限らない。無能な指揮者が指揮台に立つこともありえようし、仮りに有能でも、相性の悪い人、性格に問題のある人はいて当然である。楽曲の解釈についての、意見の相異は日常茶飯事。おまけに、いかに団結力強固とはいえ、構成員一〇〇人を超える芸術家集団の内部に問題がないなどということはありえない。

楽団員それぞれにストレスが溜まるし、各パートの首席奏者《リーダー》、ことにコンサートマスターの双肩にかかる精神的負担は相当なものである。

「コンサートマスターとソリストの差のひとつに、協調性があるかとか、妥協的な性格の持ち主かとか——結構重要なポイントがあるんですよ」とは、読売日本交響楽団の首席《ソロ》コンサートマスター・藤原浜雄の言葉である。藤原はパガニーニ・コンクールとか、エリザベート・コンクールとか、難関をもって鳴る国際コンクールに上位、それも二位、三位といった輝かしい入賞歴を持つヴァイオリニストで、並みの独奏者《ソリスト》より高度な演奏技術《テクニック》の持ち主である。

自己主張と自己顕示欲旺盛な性格《キャラクター》はソリストには向いているが、オーケストラ・プレイヤーには適さない。他人との協調、一緒に何かを造り上げることに喜びを感じる性格――そんな気質の持ち主がオーケストラの楽団員として〝適性あり〟の評価を受ける。

リーダーであり、オーケストラの実質的代表者であるコンサートマスターに要求される資質は、当然のことながら第一に統率力、次いで調整能力＝つまり次から次へと替わる指揮者と楽団の間をつなぎ、物事をスムーズに進行させる仲介者・調停者としての能力である。

それを藤原は「妥協」という言葉で表現した。

だがそれだけに、心中に蓄積されるストレスの量は察するにあまりあるものがある。

だから彼等は、日頃抑圧されがちな自己を解放する手段のひとつとして室内楽に没頭する。

そこは、自分の音楽語を本音で語りうる貴重な場であり、機会でもある。オーケストラという軛《くびき》から解き放たれるので、奏者の自主性が強く出て、メンバーが替わると楽団の名称は同じでも「演奏が随分違うな」と思うことがよくある。注意が肝要だが、聴き比べをするのも楽しみ方のひとつだと思う。

すべてはベートーヴェンから生まれた

このような伝統がどこから生まれたのか。駆け足ではあるが、歴史が最も古い弦楽四重奏の分野を例《モデル》に、時代を遡《さかのぼ》ってみよう。

彼を超える作曲家は遂に現われなかった、とさえ言われる楽聖ベートーヴェン（ユニバーサルミュージック提供）

交響曲、弦楽四重奏曲、ピアノ・ソナタ――この三つの分野《ジャンル》において、ベートーヴェンの存在は絶対と言うに近い。彼は五七年の生涯に九曲の交響曲、一六曲の弦楽四重奏曲、三二曲のピアノ・ソナタを書いたが、一八二七年にウィーンで没した後、作曲家として彼を超える人物は遂に現われなかった。そして右の三つの分野はベートーヴェンによってそれぞれ完成の域に達し、以後二〇〇年に近い歳月、人類は一曲たりとも彼の作品を凌駕する音楽を手にすることができないでいる。

歌劇・楽劇という世界で自らの創造力を開化させる道を見出したワーグナー、交響詩と歌劇の分野で「モーツァルト以来」と言われたリヒャルト・シュトラウスなどを僅かな例外として、シューベルトもブラームスも、生涯、ベートーヴェンの存在に苦しみ続け、尊敬の念を抱きながらも、その桎梏に苦悩し抜いた。

ベートーヴェンの交響作品がプロ、即ち常設の演奏団体・オーケストラを産み出し、更には専業の指揮者という職業まで創り出してしまったことはすでに述べた。

しかも歴史を仔細に辿れば、近代的な意味におけるコンサート、そしてそこに集まる聴衆までもが、彼の作品が媒体となって生まれたと言っていいと知るにおよんで、ただただ声も出ない想いを味わうのみである。一七八九年のフランス革命を契機に興隆をはじめた近代市民社会は、そのスタートの時期にベートーヴェンの音楽という自らの芸術を持つことになったのである。

超重量級の作品

弦楽四重奏の分野でも事情は同じである。

ベートーヴェンの弦楽四重奏曲は、通常、初期の六曲、中期の五曲、後期の五曲に分類されるが、楽曲の演奏という視点からこれらをみると実に興味深い。

一七九九年から一八〇〇年にかけて、三〇歳になる前に書かれた作品一八・全六曲の弦楽四重奏曲は、少し弾ける人達なら、アマチュア団体にも演奏は可能である。ただ音を出し、お互いに音を合わせて楽しむだけでなく、小さなサロンだったら、その腕前を客人に披露することも可能なのではなかろうか。

しかし作品五九の三曲、《ラズモフスキー弦楽四重奏曲》になると、内容は一変する。

趣味で弾ける音楽ではなくなってしまう。仮りに技術的には何とか弾けても、人前で弾ける音楽にはならない。職業音楽家がリハーサルを重ねて、初めて形になる室内楽曲である。

一八〇六年にロシヤ大使ラズモフスキー伯爵に献呈されているのでその名称が付されているが、

作品一八との間に《第一番》から《第三番・英雄《エロイカ》》に至る三曲の交響曲が書かれていて、ベートーヴェンの作風も大きな質的な変化を遂げており、彼に対する世上の評価も大きく変わっていた。《英雄》がプロのオーケストラを演奏団体として要求する交響作品だとすれば、《ラズモフスキー》は、プロの弦楽四重奏団の存在を前提として書かれた室内楽作品であった。そして事実、当時のウィーンには、ベートーヴェンの盟友、名ヴァイオリニストのテオドール・シュパンツィヒが活躍していたのである。

シュパンツィヒはその名を冠した弦楽四重奏団を組織して、一八〇七年、ベートーヴェンの作品をメイン・プログラムとした公開演奏会を催すが、これをもって音楽史上初めての職業団体による室内楽演奏会とするのが楽界の定説である。宮廷や貴族のサロンでの高級な知的娯楽として、ときには傭い主や援助者《スポンサー》自身も楽器を手にして参加するといった室内楽曲は、この作品を契機として質的な変貌をはじめる。

そして後期の五曲になると、専門の弦楽四重奏団が年単位の研鑽と錬磨の末に成果を世に問うという、超重量級の質を持った作品にまで登りつめるのである。

そして、これらの作品の多くを初演し、普及に尽力したシュパンツィヒとそのメンバー、更にその直系の弟子筋の何人かが、今日のウィーンの弦楽四重奏団の源流として室内楽史にその名を刻むことになる。

ライヴァル殺し

ウィーン・フィルという稀有な音楽家集団に内と外から解明の光を当てながら、その源流がことごとく古典派の三巨匠＝ハイドン、モーツァルト、ベートーヴェン——なかんずく三人目のベートーヴェンとその作品に由来することに気づいて、いま改めて驚嘆の想いを味わっている。

偉大な天才の出現は、独り作品や業績の評価、当人の名を人類の歴史に刻むといった次元を超える影響を後世に遺す。もしオランダ系のドイツ人、ルートヴィヒ・ファン・ベートーヴェンと名乗る男が、生地のボンからハプスブルクの都・ウィーンに居を移さなかったら、ウィーン・フィルハーモニーというオーケストラも、これから話題となる数多くの室内楽団も、少なくともいまの形では存在しなかっただろう。

個人的感慨はさておき、現在活躍している数多くのウィーン系室内楽団の元祖的存在としては、一九世紀末から一九三〇年代にかけてあの街の〝顔〟的存在のひとりであった宮廷歌劇場のコンサートマスター、アーノルド・ロゼー（一八六三—一九四六）についてふれる必要があると思う。世紀の改まった二〇〇一年の初頭、私はウィーンの私邸でライナー・キュッヒルと向かい合っていた。

「何歳でウィーン・フィルに入団されたのですか」という私の質問に、「二〇歳のときです」という答えが返って来た。訪問の目的はキュッヒルの人となりを訊ねることにあった。「定年が六五歳だとすると、四五年間、コンサートマスターを勤められるわけですね」という私の次の質問に対して彼は、「でもロゼーは五八年間、私のポストにいました」と言って、高らかに笑った。そして、「いまは定年がありますから、ロゼーの記録を破ることはできません」と、ちょっぴり淋しそうな表情を見せた。

ロゼー弦楽四重奏団（左端がアーノルド・ロゼー）

たしかその頃、キュッヒルは五〇歳。「あと三〇年でも、やれと言われればコンマスを勤めてみせます」という気概が、眉の間に漂っているように見えた。負けん気が強く、とにかくヴァイオリンを弾くことだけが人生だと思い込んでいる人である。突然話題に上ったアーノルド・ロゼーも、そのような人物であったらしい。

ロゼーはルーマニアの出身である。キュッヒルの父親もルーマニアに生まれ育った人（ドイツ系で、のちオーストリアに移住）だから、奇《く》しくも祖先は二人ともルーマニア人ということになる（ただし帰属する民族は複雑で、本書では語りつくせない）。

だが二〇世紀の初頭まで、ルーマニアはハプスブルク家の版図に組み込まれ、オーストリア＝ハンガリー二重帝国の支配下にあったから、この二人をルーマニア人だと思っている人はウィーンにはひとりもいない。

ロゼーは一七歳にして、宮廷歌劇場のコンサートマスターに任命される。しかし、フィルハーモニーでは先任二人のいやがらせを受け、入団と退団を繰り返した。最終的にウィーン・フィルハーモニー管弦楽団のコンサートマスターに就任したのは、一九二九年のことであった。

音楽関係者の間でいまだに語り継がれるこの時代の逸話としては、のちに二〇世紀最高のヴァイオリニストのひとりと仰ぎ見られるようになるウィーン生まれのフリッツ・クライスラーが、宮廷歌劇場管弦楽団第一ヴァイオリン次席のポストに応募した際、ロゼーが「初見能力不足」と難癖をつけて不採用とした、有名な「クライスラーのウィーン・フィル不合格事件」がある。

言うまでもなく、典型的な「ライヴァル殺し」だった。

「もしあのとき、クライスラーがウィーン・フィルに採用され、そのポストに安住してしまったら」とは、ヴァイオリン音楽愛好家の間でよく囁かれる、嬉しい〝歴史のイフ〟である。

弦楽四重奏と弦楽四重奏団の歴史をライフ・ワークとしておられる幸松肇《こうまつはじめ》氏のお話によると、「ウィーン・フィルの歴史の一側面はコンサートマスター角逐の歴史」とのことで、リーダー相互の激しい競争意識が優れた室内楽団を生み、オーケストラ・コンサートにおける名演を生む原動力になっているのだという。

時代の先端を行く

ロゼー個人の話題が長くなったが、彼の最大の功績のひとつが自らの名を冠したロゼー弦楽四重奏団の結成と、その活動であった。

ロゼーの楽団は一八八二年の結成以来、たちまちにしてウィーンのナンバー・ワン四重奏団の地位を獲得する。レパートリーの中心となるウィーン古典派の作品については、もちろん当時の規範ともいうべき名演を披露したが、特筆すべきは現代音楽に対する積極的な取り組みであった。同時代人・ブラームスの作品初演（弦楽五重奏曲第二番、名曲・クラリネット五重奏曲など）を行なったり、そのブラームスの推薦を受けたドヴォルザークの作品紹介に努めたりというオーソドックスな活動と並行して、作風があまりにも急進的であるがために、守旧的傾向の強い当時のウィーンでは受け容れられなかったアーノルド・シェーンベルクの室内楽作品の初演まで、演奏中の聴衆退場などという逆風に晒《さら》されながら敢行したという記録が書物に記されている。

ウィーン・フィルは自分で指揮者を選ぶ。コンサートの企画も楽団員自らが行なう。音楽家としての身分保障は国立歌劇場付属オーケストラの団員として、国から受けている（資格は国家公務員に近い）。

正直に言って、コンサート・オーケストラとして怖いものは何もない筈である。

「伝統」の名のもとに現状維持を図り、旧習を墨守する生き方をしても、それなりの暮らしは維持できるかもしれない。国営とか市営とか、楽団員の身分保障がつくと、とたんに演奏の質が落ちるケースは世界各国枚挙に遑《いとま》がない。

しかしウィーン・フィルは違う。オーケストラにも、その中に群生している室内アンサンブルにも、ごく僅かの例外を除いて、そのような現象は見られない。「伝統の美質を死守しつつ、常に前向きに。未来を見つめて」という姿勢は、結成以来百数十年微動だにしない。

その例証の最たるものがロゼーのグループであった。

ロゼー自身のヴァイオリン独奏と弦楽四重奏団の演奏は、内外で何点かCD化されている。曲目のほとんどは古典である。ロゼーの奏法はノン・ヴィヴラートというに近く、その点では、近年流行《はや》りの古楽器奏法に似ているが、録音から窺う限りでは、演奏スタイルは一九世紀的で古い。

しかし、録音に遺されたレパートリーと刻まれた音のみでこの人を判断すると、とんでもない間違いを犯すことになるだろう。彼は「時代の先端を行く」という精神を、この伝統のオーケストラに刻みつけた一人であった。

生っ粋のウィーンっ子

一九三〇年代前半までのウィーン音楽界は、ワインガルトナー、シャルク、リヒャルト・シュトラウス、フルトヴェングラー、ワルターといった独墺系の巨匠に加え、楽団の懇請によって指揮台に登場したアルトゥーロ・トスカニーニが話題を賑わせていたが、フィルハーモニーの実質的リーダーはロゼーであり、加齢によって芸風は枯淡の色合いを見せはじめたとはいえ、名声にはいささかの衰えもなかった。

シュナイダーハン弦楽四重奏団

　しかし一九三八年三月一八日、ヒトラーのウィーン進駐によって、彼を取り巻く環境は一挙に暗転した。その年の夏にはユダヤ系という理由ですべての公職を失ない、ロンドンに去る。

　父親の薫陶を受けてヴァイオリニストとなった娘のアルマ（マーラーの姪）は、ナチスのホロコーストの犠牲となって収容所で悲劇的な最期を遂げた。

　その後、「コンサートマスターは弦楽四重奏団を結成する」という不文律の伝統を受け継いだのが、ウィーン・フィル史上不滅の名コンサートマスター、ウォルフガンク・シュナイダーハン（一九一五―二〇〇二）である。

　一九三七年、二二歳の若さでこの地位《ポスト》に就任した彼は、ロゼーが去ったあと、各パートに弦楽部門の首席奏者を起用して新しい弦楽四重奏団を創設した。

シュナイダーハンは生っ粋のウィーンっ子であった。

チェコの名教師セヴシックに仕込まれた強靭なテクニックを、気品を湛えた透明な音色と清潔な表現で包み、二〇代前半という若さを感じさせない充実した演奏でたちまちこの街の音楽愛好家の人気を攫《さら》った。観客を楽友協会小ホール（ブラームスザール）では収容しきれないというので、演奏会場を大ホールに移したほどであったという。

戦後、シュナイダーハンは独奏者として世に出る決意を固め、一九四九年にウィーン・フィルを退団、五一年八月には四重奏団もザルツブルクで最後の公開コンサートを行なうという事態に立ち至った。

十数年という、過ぎ去ってみればそれだけの歳月であったが、ナチスという狂気の集団が歴史に刻んだ傷痕の深さは筆舌に尽くし難いものがあった。抹殺され、追放されたユダヤ系音楽家に加えて、亡命者も相次ぎ、独墺系のヴァイオリン界からは名人・巨匠の姿が消えた。「オーケストラに埋もれ、室内楽活動に身を窶《やつ》しているよりは」と、この麒麟児《きりんじ》が考えたとしても不思議はない。

そのメンバーであり、のちに楽団長を務めることになる第二ヴァイオリンのオットー・シュトラッサーは、「私たち残りの三人はそれぞれ落胆して投げ出したりせずに」と回想録に記しているが、ヴィオラの達人ルドルフ・シュトレングは、晩年、私に「前の年（五〇年）にメンバーに加えてもらったばかりでした。覚悟はしていたけど、正直なところガックリ来たね。音楽家として、最大の楽しみを奪われてしまったんだから」と、語ってくれたことがある。

厳しさが自分に向かう

シュナイダーハンが去った直後、残されたシュトラッサー、シュトレング、リヒャルト・クロチャック（チェロ）の三人は、ウィリー・ボスコフスキーと首席コンサートマスターの地位を分け合っていたワルター・バリリを誘い、新しい弦楽四重奏団を発足させた。

バリリは一九二一年生まれ。世紀の改まった二〇〇一年、サイモン・ラトル率いるウィーン・フィルと同時期に来日。講演、公開レッスンなど、多忙なスケジュールを精力的にこなした。一八歳でコンサートマスターに就任した眉目秀麗な若きヴィルトゥオーゾも既に八〇歳。壮年期に録音した室内楽などが日本人関係者の努力で発掘され甦ったことを喜び、「あの快挙がなかったら、私の名前は忘れられていたでしょう」と眼を細めていた。

バリリはスマートな風貌に似ず厳しい人であった。しかも、その厳しさが最もキツく向かう相手は自分自身であり、自らがリーダーである室内アンサンブルに対してであった（バリリに師事した荒井雅至談）。

弦楽四重奏団の練習は毎日――ウィーン・フィルの定期公演日やオペラの新演出で特別リハー

サルが行なわれる日を除き、四人の身体が空いている限り毎日、それも三時間近くにわたって行なわれた。

私は、以前、オーケストラ楽団員の室内楽演奏は一種の気晴らし――と言って悪ければ、日頃のストレス解消を兼ねた自己実現のための行為、と述べた記憶がある。

しかし、バリリ率いる四重奏団の自己研鑽努力は、そのような安易な説明を許さない、真摯かつ厳格なものであった。その輝かしい証明は、彼等の遺したベートーヴェンの《弦楽四重奏曲全集》（全一六曲）の録音である。

バリリとそのメンバーにとっての幸運は、彼等がシュナイダーハンの積み上げた事績を引き継いだ時期が、奇しくもレコード産業の技術革新期に一致したことであった。

片面四分そこそこ、重くて割れやすい、しかも盛大な雑音《ノイズ》混入が不可避なSPレコードに代わって、片面三〇分、ノイズがほとんどなく、軽くて割れないというLPレコードが発明されてから、録音メディアの市場は一挙に拡大した。ステレオの実用化にはまだ時間が必要だったが、収録された音質の改善は目覚ましく、録音・再生機器の改良も日進月歩の勢いで進んだ。

バリリがシュナイダーハンが去ったあとの空白を埋めた直後、この四重奏団は楽友協会《ムジークフェライン》の座付き《レジデント》クァルテットとして、楽友協会のブラームスザールで行なわれる定期演奏会では楽友協会弦楽四重奏団と名乗るようになる。この名称は、いまもなお首席コンサートマスターの団体に引き継がれ、キュッヒル弦楽四重奏団が栄光の名を冠にしている。

　バリリの室内楽活動は国際色を帯び、一九五七年には遥か日本を訪れるというところまで発展したが、「好事魔多し」の譬《たとえ》どおり、二年後にはバリリの右肘故障のため、盛名の頂点において解散に追い込まれる。「痛恨」という名詞は、かかる出来事のためにある言葉であろう。

　バリリの引退後、上席のボスコフスキーがその穴を埋め、ウィーン・フィルハーモニー弦楽四重奏団の名で活動を引き継ぐが、スター性があり過ぎ、日常、生活多忙を極めるこの名物男は、結局、弦楽四重奏のような濃密で凝縮された世界に精力《エネルギー》を集中させることができなかった。

　バリリの楽団と肩を並べる活躍をしていたのが、第一ヴァイオリン奏者アントン・カンパー率いるウィーン・コンツェルトハウス弦楽四重奏団であったが、カンパーが老境に入り、永年の同志が櫛の歯を挽《ひ》くように退団してゆくと、コンツェルトハウス・クァルテットも夕映えの時期を迎える。

厳しい練習で知られたバリリ弦楽四重奏団のCD（左からバリリ、シュトレング、シュトラッサー、クロチャック）

日本人の執念でバリリの音が復活

一九五〇年代から六〇年代の終わりにかけて、世界は戦火の傷痕いまだ消えやらず、人々も貧しかったが、人類には夢があった。小さいけれど、その証しのひとつがウエストミンスターというマイナー・レーベルのLPの溝に刻まれたバリリのモーツァルト、ベートーヴェンであり、カンパーのハイドン、そしてシューベルトであった。

会社が消滅したのか、それとも身売りであったのか——活動停止の理由を私は知らない。ウエストミンスター・レーベルの新譜がリリースされなくなってからも、音源は日本の大手レコード会社を転々とし、再発は繰り返された。しかし、音源とされているマスター・テープの素性にはいかがわしいものもあり、初期輸入盤に比べると、音質の劣化は覆い難いものがあった。

「日本人の執念。優れた感性の証左」と、ウィーンの音楽関係者は口を揃える。

「消滅した」と言われていたオリジナルのマスター・テープを求めてアメリカに渡り、いずこかの倉庫に眠っていた数万本の録音済みテープの山の中から、初期のLPカッティングに使われた音源の一部を発掘した人物がこの国にはいたのである。

バリリが驚喜したのは、このテープから復刻された、音鮮やかなCDを耳にしたからであった。

「私の生きた証しが永遠に遺る」。「人生は、常に前向きに生きるべきだ。きっと良いことがある！」

この人の口からこうした喜びの声が出ると、言葉は無限の重みを持つ。

蘇った一九五〇年代の音源を改めて聴き直して驚くのは、この時代の音楽家は、一挺のヴァイオリンで何と多くのことを語り得たのであろうかという、情報密度の高さである。

モーツァルト、ベートーヴェンについてはもちろんのこと、バリリという演奏家の本当の凄さを体感させられる記録は、ブラームスの《ホルン三重奏曲《トリオ》》とフランツ・シュミットの《ピアノ五重奏曲》のヴァイオリン・パートである。彼はヴァイオリンで、人間の肉声と言語を超える精神を表現できる音楽家のひとりであった。

しかも、バリリが主催するクァルテットは、録音された記録こそないが、当時、ほとんど世に知られていなかった現代音楽＝バルトークの弦楽四重奏曲などを積極的にコンサートで取り上げ、紹介に努めている。

伝統と未来の絶妙な調和――先人ロゼーの精神的遺産は、戦禍を経験し、半世紀におよぶ風雪の歳月が過ぎ去ったあとも、決して失なわれることがなかったのである。

モーツァルトはわが街の歌

「楽をして音楽家人生を送ろうと考えたんじゃないかな。ヴァイオリン弾きと違って、指揮者ならさらわんでもいいからな」

とりつくシマもないとはこのこと。東京は赤坂の高級ホテルのティールームで、アルフレッド・プリンツは無表情でこう言い放つなり口を閉じ、ウェイターを手招きしてコーヒーのお代わりを求めた。その間も無言。私の質問がよほど気に障ったのであろう。触れてはならない心の傷痕に、不用意にも私は指を突っこんでしまったらしい。

質問は、ワルター・ヴェラーの指揮者転向に関してであった。

三〇年あまり前、私はウィーン・フィル来日の機をとらえ、ヴェラーをリーダーとする六人のグループと、《ウィーンのモーツァルト》と題するLP二枚を制作した。プリンツは、そのとき、仲間と《クラリネット五重奏曲》を録音している。

LP二枚の収録曲数四曲。実働録音時間は二時間強。《弦楽五重奏曲ハ長調K・五一五》のような大物も入っていたが、演奏はほとんど一回限りだった。リハーサルはなし。音を出してもらって、マイクのセッティングをして、全曲通しで弾いたら終わりみたいなレコーディングで、音盤《レコード》プロデュースという仕事に関わって三十数年になるが、かくも爽快かつスリリングな経験は、このときが最初で最後である。

ちなみに録音業界の内実をご存知ない愛好家の方にご説明申し上げると、これが他の室内アンサンブルとの作業なら、右のような二つの大物五重奏曲が含まれたモーツァルト四曲を録音するとしたら、通常二日か三日、ときによっては四日間という収録日程を設けるのがわれわれの常識である。

ウィーン室内合奏団の面々は、朝九時に都心を出発、一一時近くに録音会場である埼玉会館に着いた（「遠かったな」と、プリンツは未だに文句を言う）。コーヒーとサンドウィッチで軽い昼食をすませ、マイクの位置決めを終えたあと、一時過ぎに録音を開始。ティー・タイムを挟んで四時には予定の収録を終えていた。プレイ・バックも全曲通しでは聴かない。「大丈夫。大丈夫！」と親分格のヒューブナーが、弾いたあと太鼓判を捺《お》す。エンジニアの若林駿介氏が、「念のため、もう一回――」と懇願しても首をタテに振らなかった。

「すべて本番一発録《ど》り。しかも完璧」という経験は、長いことレコード制作という仕事に関わっていても、そうたびたび味わえるものではない。個々のメンバーの演奏技術が優秀であること、しかも一人ひとりが高度の合奏《アンサンブル》能力を具えていることはもちろんであるが、いまにして想えば、彼等が自分達の弾くモーツァルトに対して一点の疑念も持っていないという厳然たる事実が、演奏の背景にあったのである。

そのことに思い至ったとき――「あの人達のモーツァルトは、何故こんなに瑞々《みずみず》しいんだろう」と考えていたときであったが、私はただ溜息をつくしかなかった。

生まれたときから、周囲ではモーツァルトが鳴っていた。四六時中モーツァルトを聴きながら育った。楽団員の多く

アメリカに渡って音信不通と言われたプリンツと横川晴児の最新アルバム。プリンツがピアノを弾いている！

がウィーンっ子だから、何のことはない、自分が耳にして育った街の歌を、大人になってから今度は自分が唱うだけの話である。

言葉でいえば、わが街の言葉だから、話そうとする内容と表現手段である言語の間には壁がない。その言葉で考え、その言葉で話すという知的作業がどれほど自然な行為であるか——それは私達が外国語で話し、ものを書いてみれば身をもって体験できるだろう。演奏という行為も、基本的にはそれと変わらない。

ヴェラーの指揮者転向

その録音のとき、アンサンブルの中では第一ヴァイオリンを弾いていたヴェラーがいちばん若かった。一九三九年生まれだから、一緒にレコードを作ったときは、まだ三〇歳になっていなかったろう。しかし、ヴェテラン三人の好サポートを得て、音楽造りでは彼がリーダー役を担っていたと思う。

幸松肇氏は、「ウィーン・フィル歴代のコンサートマスターの中で、彼がいちばん腕達者だったのではないか」とまで言う。

彼は入団後、一時、ウィーン・コンツェルトハウス弦楽四重奏団の第二ヴァイオリン奏者を務めて、アンサンブルの内側から——つまり内声部から室内楽の勉強をはじめた。その傍《かたわ》ら、五九年には自らの名を冠したヴェラー弦楽四重奏団を結成して、コンサートマスターが主催する弦楽四重奏団という、ウィーン・フィルの伝統継承の歩みをはじめる。

ときあたかもバリリの故障＝引退の時期にあたり、このクァルテットは音楽愛好家の期待を一身に集める存在となった。

しかるにヴェラーは、ウィーン・フィルとウィーン室内楽界のリーダーの地位をわがものにする直前、コンサートマスターのポストを放棄して「指揮者転向」を宣言する。一九六九年のことであった。

傑作CDを残して指揮者に転向したヴェラー(左端)、続いてヒューブナー、シャイバイン、シュトレング、クロイトラー（ウィーン室内合奏団）

日本で私達スタッフと制作した《ウィーンのモーツァルト》と題する二枚のＬＰが、室内楽奏者としてのヴェラー愛好家《ファン》への置き土産となった。

録音から三〇年あまりたった今日でも、幸松氏、評論家の福島章恭氏など多くの人がこの演奏を賞讃する。曲によっては「ベスト・ワン」とまで激賞する。そしてヴェラーのクァルテットが結成から解散までに録音した何点かの録音（ハイドン、モーツァルト、ベートーヴェン、ブラームス）は、すべてＣＤに復刻されており、数ある同曲異演の中で首位の座を争っている。

先日もある書物で、「ワルター・ヴェラーについて書くのは気が重い」という一文に出会った。ウィーン・フィルを去り、クァルテットを解散して三十余年、ここまで愛好家に転向を惜しまれている演奏家も少ないのではなかろうか。

ヴェラーのクァルテットはウィーンの新しい風であった。音のすべてが「伝統に根差す」というこの団体の出自を物語っていて、しかも、テンポ、リズム、旋律の歌いまわし――そのどこにも古さが感じられない。そしてハイドンやモーツァルトの音楽が、未来の地平に眼差《まなざ》しを送っているような新鮮さ。

ヴェラーについて書くのは「気が重い」という慨嘆の言葉を書いた評論家の佐藤康則氏は、同じ本の中で、ヴェラー弦楽四重奏団のモーツァルト演奏に触れ、「この録音から30年を経て、ウィーンのモーツァルトは、見かけはさらに表現力を増しているが、音楽の密度はますます薄まってきている」と厳しい指摘をしておられる（『ウィーン・フィルの響き』一二四頁〈立風書房〉傍点中野）。残念ながら、私は反論の言葉を持ち合わせていない。

ヴェラーがクァルテットを解散した時点で、「ウィーン・フィルのコンサートマスターが主宰する弦楽四重奏団は世界最高のクァルテットのひとつ、少なくともウィーンでは至上の団体」という名声と伝統が失なわれた。

ひとりのヴァイオリニストの人生の選択が、ウィーンの音楽界にとってどれほど重い意味を持つものであったか――語りうる人も、語る資格のある人もいないとは思う。しかし私は、かつて盟友であった筈のアルフレッド・プリンツの、吐いて捨てるような言葉の背後に、哀しくて切ない、近親憎悪としか言いようのない響きを聴いた。人生とは、まことに儘《まま》ならぬものである。

ウィーン・フィルの新しい顔

在任中、〝ヨーロッパ・三大コンサートマスター〟のひとりとして楽壇を睥睨《へいげい》していた名物男ウィリー・ボスコフスキーが定年でウィーン・フィルを去ったのは、一九七〇年のことである（しかしニューイヤー・コンサートの指揮台には、そのあとも七九年まで立った）。

在任当時、オーストリア文化大臣以上の要職と称されたウィーン・フィル首席コンサートマスターの地位は、旧ハプスブルクの版図とはいえ、ユーゴスラヴィア出身でドイツで学んだゲアハルト・ヘッツェルに引き継がれることになった。

ウィーン郊外ルードルフスハイムに生まれ（一九〇九年）、アカデミー（現在の国立音大）に学んで、いわば当然のことのように伝統継承者の道を歩んだボスコフスキーとは違い、外からこのオーケストラに迎えら

名手ゲアハルト・ヘッツェル唯一の弦楽四重奏。ヒューブナー（VnⅡ）、シュトレング（Vla）、スコチッチ（Vc）とともに

れたヘッツェルは、懸命な努力でウィーンの伝統奏法を修得、高い音楽性と真摯な人柄でこのオーケストラに融けこんでゆく。やがて人びとは彼を、かつて先任者ボスコフスキーをそう呼んだように、〝ウィーン・フィルの顔〟と称するようになった。

ヘッツェルは室内楽の名手でもあった。そろそろソロ活動にも精を出そうと思いはじめたのかどうか。九二年の一月、ピアノのヘルムート・ドイチュとブラームスの《ヴァイオリン・ソナタ》（全三曲）の録音を完成した。しかるにその年の夏、ザルツブルク音楽祭の直前、趣味の山歩き（と言っても散歩）をしている途中、転倒して頭部を強打し、急逝した。「反射的に指先を庇《かば》い、そのために頭部を石に打ちつけて死亡した」ことはすでに述べた。惜しんでもなおあまりある名ヴァイオリニストの最期であった。

ライナー・キュッヒルがそのあとを継ぎ、ウェルナー・ヒンクとともに、二一世紀に向かって新しいウィーン・フィルの〝顔〟となった。

ふたりともその瞬間から「眼の色が変わり、顔つきが変わった」と、ウィーンの愛好家達は口を揃えて言う。これもまた人間模様である。「ヘッツェル亡きあとは」と、息を殺して行く末を懸念した人も多かったが、心配した技倆の低下も、人気の離散も起こらなかった。陽はまた、昨日と同じように昇ったのである。

響きの光と翳

「ドイツ人は圧倒的に垂直の音楽家であって水平のそれではない。メロディの大家であるよりもハルモニーの大家だった」と、作家のトーマス・マンはその著作に記している。だからその音楽は、「民衆をよろこばせるものよりも、学問的なもの、精神的なものに向いている」（『ドイツとドイツ人』・丸山眞男『自己内対話』〈みすず書房〉より抄録）という。

ベルリン・ドイツ・オペラのオーケストラで首席オーボエ奏者を務めている渡辺克也が、

「私達日本人にいちばん欠けているのはハーモニーの感覚です。つまり和声感。吹いていてふと気がつくと、自分のオーボエだけが他の楽器と奏でる和音の中で、何となく浮き上がって聴こえてしまうことが、ときどきですがあります。ドイツの連中は、個々の腕はともかくとして、こと合奏ということになると、積み重ねられた和声内部の自分の位置に、スルッと音を滑りこませてしまう。ごく自然で、何の抵抗もないんですね。われわれは意識して、正確な音出しをしなければならないんです」

と話してくれたことがあった。

われわれ日本人は音楽を聴くとき、どうしても上声部である第一ヴァイオリンの旋律に注意を奪われがちだが、ドイツ古典音楽の真髄は堅固で、しかも変転自在な和声構造にある。

ウィーンとかベルリンに活動の本拠を置く室内アンサンブルの音楽がいかにも本場ものらしく

聴こえるのは、メロディーの唱いまわし、テンポやリズムが自然であることに加えて、彼等が生来具えている絶妙な和声感覚によるところが大きい。

それがヒューブナーとかシュトレングという〝超〟の字のつくヴェテランとなると、音色だけではなく、微妙な音程の変化を用いて響きに内側から光と翳を造る。

新世界アメリカに学んだ奏者などが、ひたすら楽譜のタテの線の合わせと平均律的な音程の精度の維持に腐心し、抵抗感がなく、透明度の高い和声造りを志向するのに対して、彼等ウィーンの古参楽員は、平均律的ではない、しかしいわゆる純正調とも異なる、自分独自の音程を用いて、自分達独自の和声を造る。

楽器から発する音色と、この絶妙な音程感＝和声感覚、加うるに実に微妙なタテの線のズレが、あの独得な〝ウィーンの響き〟の源泉である。

それらを伝統として郷党の先輩から受け継ぐシステムが、この街には出来上がっているように私には思える。世代協演＝つまり師弟・友人・知人の別を問わない室内楽演奏がそのひとつである。実地教育で感性が育てられ、それを表現する技術が磨かれる。徒弟制度に近い方法だから、技法は、文字通り、わがものとなる。わがものとなった技法で、彼等は、響きを自在に操る。モーツァルトとベートーヴェンと、演奏にあたって彼等はごく自然に違った響きを奏でる。

無意味な透明感

ウィーンの室内アンサンブルの弾くモーツァルト晩年の緩徐楽章が、書かれた譜面を見ると長調であるのに、あたかも短調で作曲された音楽であるかのようにもの哀しく、淋しく聴こえることがよくある。

評論家の宇野功芳氏が、「モーツァルトは長調で哀しい音楽を書けた人だ」という名言を吐いておられるが、もし宇野さんが最初に聴かれたモーツァルトのアダージョがエマーソン弦楽四重奏団の演奏によるものだったら、こういう感想を洩らされることはなかったと思う。アメリカの一流団体の発する響きは技術的には完璧で、いかなる作品に適用してもそれなりに説得力のある音楽を造る。汎用性があり、とにかく耳ざわりでない。シェーンベルクもバルトークも、ほとんど抵抗感なしに聴ける。

だがモーツァルトの長調は、楽譜に書かれた通り普通の長調の音楽に聴こえる。

長調の旋律と和声の中から、微笑の奥に隠された、若くして人の世の深淵を垣間見た天才児の絶望と諦念を汲み取ることは不可能である。もともと弾いている当人が、そんなことを考えてもいないであろうから、聴き取ることはできなくて当然である。

彼等にとって、ド・ミ・ソはどこまでもド・ミ・ソであり、楽理上の主和音でしかない。正確な音程《ピッチ》で、ひたすら滑《なめ》らかに美しく弾く。「美しく、一点の曇りもない響きが造れなくて、何が音楽か」と、この人たちは言うに違いない。美感の相違であり、依って立つ価値観の違いである。議論にはならない。

ヒューブナーやシュトレングが紡ぎ出すハーモニーには色彩があった。「何も語らない、無意味な透明感」を、彼等は嫌悪した。

一九七一年七月、川口市民会館で行なわれた録音では、ヘッツェルが第一ヴァイオリンを担当し、チェロの席にはシャイバインの代わりにスコチッチが坐っていた。だが、内声部を担当する二人が不動のメンバーとして楽器を手にしている限り、ウィーンの響きは二年前のそれと寸分変わらなかった。このときの録音に、ウィーン・モーツァルト協会から最優秀室内楽レコードとして〈ウィーンの笛時計賞《フルーテンウーア》〉が与えられたのであるが、ヘッツェルが世を去ったあと、内外の評論家・愛好家から、「あのレコードが、ヘッツェルがこの世に遺した唯一の弦楽四重奏曲である」とのご教示を受け、感慨ひとしおなるものがあった。

すべてが偶然の産物であるが、私はいまなおその不在を惜しまれているウィーン・フィルの二人のコンサートマスター、ワルター・ヴェラーのラスト・レコーディングと、ゲアハルト・ヘッツェル唯一の弦楽四重奏録音に、プロデューサーとして関わった。室内楽奏者としても名声を得ていたヘッツェルであったが、その出自の故か、ウィーンでは彼の名を冠した弦楽四重奏団を創設した形跡がない。

何故、日本でモーツァルトの弦楽四重奏曲の録音をする気になったのか。いつか訊ねようと思っているうちにチェロのスコチッチを除く三人が鬼籍に入ってしまった。「そんなこと」と言ってしまえばそれまでなのであるが、「弦楽四重奏団のリーダーをやらせたら抜群だったろう」という評価が高い人だっただけに、そのことが脳裏を離れない。

四重奏は四人の賢者の対話

ウィーン・フィルのメンバーが組織し、歴史として継承している〝コンサートマスターの弦楽四重奏団〟の点描を一休みして、「ウィーン・フィルにとって、室内楽とは何か」という主題《テーマ》を、もう少し考えてみたい。

「四重奏は四人の賢者の対話である」

ゲーテはこんな表現で室内楽について語っていたという。

この章で私は、キュッヒル達がオペラのオーケストラ・ピットやフィルハーモニー・コンサートなどで溜まったストレスを、室内楽で解消しているような言い方をした。

華やかに見えるが、半ば閉ざされた空間である歌劇場のオーケストラ・ボックスは、「独奏パートなどを吹くと気持ちの良いこともありますが、極端な言い方をすれば、中にいるプレイヤーにとっては騒音のカタマリ。自分の音が聴こえないことなんて、しょっちゅうです。うしろに金管がいるでしょう。お風呂場でトランペットを吹かれた状況を想像して下さいよ」（渡辺克也）というのが実状である。

オペラもコンサートも、好きな指揮者とだけやるというわけにはいかない。「こんな感動を味わって、しかも報酬までいただけるなんて」（レオポルド・ウラッハ）という、以前、紹介した言葉は、それがフルトヴェングラーという不世出の巨匠との稀有の体験によるものだから楽団史に残ったのであって、ウィーン・フィル、ベルリン・フィルの楽団員といえども、「音楽家冥利に尽きる」日常を過ごしているわけでは決してない。

だから彼等は、室内楽に自己表現の場を求める。

室内楽は、ゲーテの言葉通り、〝音の対話〟で成り立つ音楽の分野である。言語という具体的な表現手段を用いず、抽象性の高い純粋な器楽だけで、奏者は互いに意志疎通を図らなければならない。

指揮者がいないから、メンバーはまず、自分の音楽言語で自己を語る。聴き合って相互にそれを理解し、語り合い、音を使って話し合いながら全体を調和させ、もうひとつ高次元の世界を創り上げてゆく――それが室内楽である。

基本は奏者の自発性であり、守るべきは奏者個人の尊厳であるが、そこでは自《おのず》ら一定の節度が要求され、個々の主張と全体の調和という、極めてクリティカルでスリリングな精神の作業が必要とされる。

自己の主張を押し通すのではなく（たとえば独奏者《ソリスト》のように）、集団の中に自己を埋没させるのでもない（たとえばオーケストラで演奏するように）。一プラス一が三にもなり、ときには五にも六にもなりうる——そんな可能性に目覚めたら、人はかかる愉悦の世界から逃れることができなくなる。

ウィーン・フィルにあっては、この感覚がオーケストラ演奏の基本理念である。

首席クラリネット奏者のエルンスト・オッテンザマーに、「ウィーン・フィルと他のオーケストラの違いは」と訊ねたとき、即座に返って来た答えが、「構成する一人ひとりの楽団員の意識の差——簡単に言えば〝自主性〟ということなんじゃないかな」という一言であった。

その瞬間、海外の有名オーケストラのコンサートマスターが、あるとき、「私と隣で弾いている彼、つまり一列目の二人と各パートの首席を除けば、二列目以下はサラリーマンなんですよ」とボヤいた言葉を想い出した。

ウィーン・フィルでは、メンバーの全員が「俺がいなければ」と思っている。だから周囲の誰もが、「ウィーン・フィルの人達は、音楽をやらされているのではない。彼等は音楽をやりたくて仕方がないのだ」という言葉で楽員達の日常を評する。

体質化された伝統

オッテンザマーに言わせると、ウィーン・フィルハーモニー管弦楽団の団員として定着するためには、三つの条件が必要なのだそうである。

第一が、音楽家として優れていること。

第二が、人間として一流であること。

第三が、協調性を具えていること。

「この三つ目の条件が、結構難しいんだよ」と、オッテンザマーはしんみりとした口調で話してくれた。

「だから、国立歌劇場のオーケストラのメンバーでも、定員に空きができたからと言って、自動的にフィルハーモニーに入団できるわけじゃない。一年のテスト期間ののち、楽団を去らなきゃならない人も出てくる」

この三条件は室内楽の名人を評する言葉に似てはいないだろうか。

「ウィーン・フィルにはずいぶん室内アンサンブルがありますね。いったいいくつあるんですか」

という質問に、楽団長時代のヒューブナーが、

「ひとつ。そもそもウィーン・フィル自体が室内アンサンブルが大きくなったような団体なん

だ」

と答えた。彼一流の、ユーモア溢れる回答である。一言でこのオーケストラの真髄を言い当てている。

オーケストラの構成員が、これまで述べたようにして室内楽の経験を重ねれば、各メンバー間の人間的信頼関係も深まる。古参と新人が組めば、文字通り、マン・ツー・マンの教育の場ともなる。お互いの癖、得意業《わざ》や苦手なところも知ることができる。何よりも、演奏にあたってお互いの音楽を聴き合う習慣が身につく。

室内楽演奏という行為は、ウィーン・フィルハーモニー管弦楽団というオーケストラにとって、体質化された伝統のひとつである。会社経営にたとえて言うならば企業風土、学校で言えば校風に近い。

かつてこの街にはハイドン、モーツァルト、ベートーヴェン、更にはシューベルト、ブラームスといった作曲家が住み、日々の暮らしの中で楽人達は、ときに作曲家本人を交えて彼等の作品を奏でたという、歴史を持つ。他の街のオーケストラは、ことこの一点に関しては、対抗すべき手段《てだて》を持たない。

第10章　ウィーン・フィル　最後の秘密

その街の響きを持つオーケストラ

「ウィーン・フィル、サンクトペテルブルク（旧レニングラード・フィル）、それとシカゴ交響楽団、——この三つを、私は〝世界の三大田舎オーケストラと呼んでいるんですが……。この三つのオケ特有の性格《キャラクター》は、絶対に変えて欲しくないんですよね。ベルリン・フィルは、もうグローバルな名人《ヴィルトウオーソ》オーケストラになっちゃったと思うんですよ」

ＮＨＫ交響楽団のコンサートマスター・篠崎史紀《ふみのり》が、あるとき、ポロリと洩らした言葉である。

この人、高校生時代に全日本学生音楽コンクールに優勝、直ちにウィーンに留学して本場で研鑽を積んだ経歴を持つ。

往時——第二次世界大戦勃発以前のことと定義していいと思うが、それぞれの国にはその国の音を持ったオーケストラがあり、また、ある街にはその街の表情を持ったオーケストラがあった。

ラヴェルの管弦楽曲などをやらせると音色が何とも野暮ったく、リズムも重苦しくて、どうにもサマにならないドイツ某市のオーケストラが、ブラームスの交響曲になると、とたんに生気を取り戻す。重苦しい低弦は地鳴りを伴って、響きは地底から湧き上がる。くすんだ高・中域の弦楽器群は、厚味のある悲愴《パセティック》な旋律を、慟哭を内に秘めつつ奏でる。

「作曲者の生地北ドイツ、港町ハンブルクの冬空を覆う灰色の雲が、ステージから客席に拡がって来るような想いだった」と、これは留学していた若い時代、中西部ドイツの古老から繰り返し聴かされた懐旧の慨嘆である。


二〇世紀も後半になって、情報伝達と空陸の輸送手段が発達すると、好むと好まざるとにかかわらず、演奏の標準化が進んだ。メンバーの民族構成も多様化し、楽団の芸術活動を掌《つかさど》る常任指揮者・音楽監督の国籍もグローバル化した。プログラムの内容も、良く言えば多彩になって、何でも一定以上の水準で弾けなければ「良いオーケストラ」とは言われないようになってしまった。

LP・CDなど、便利な録音媒体の普及と、ラジオ・TVなど電波媒体の日常化が、音楽の大衆化には大いに貢献したが、その副作用としての、聴衆の質の低下は防ぎようがなかった。

拍車をかけたのが世界的規模で起こった一極集中現象、いわゆる〝パックス・アメリカーナ〟

である。一級の土着文化＝世界に通用する独自の文化を持たない国が、金の力に物を言わせて音楽の分野でも主導権を握った。そのことが、時間の経過とともにボディ・ブローのように世の音楽の〝質〟を変えてしまう。作品を演奏するという行為によって成り立つ、音楽という再現芸術の本質的な部分が、徐々に変質をはじめたのである。

結論を先に言えば画一化であり、均質化である。〝差〟をもって尊しとする文化の世界に、均質化という要素が持ち込まれればどうなるか——文化自体の没落と衰退以外に辿る道筋はありえない。

国籍不明の音楽産業

アメリカが音楽の世界で覇権を握るに当たっては、それなりの背景があった。

まず一九一九年のロシア革命を契機に故国を見捨てた音楽家——ストラヴィンスキー、プロコフィエフ、ラフマニノフ、クーセヴィツキー、ハイフェッツ、ホロヴィッツ、ルービンシュタイン、ピアティゴルスキー……などなど（プロコフィエフのように、郷愁もだしがたく帰国した人もいたが）、音楽史に不滅の名を刻むことになる巨匠・名人が新天地アメリカに渡り、その地を第二の故郷と観念して、そこに西欧クラシック音楽を定着させた。

そうした先人達が音楽の基礎を造り上げたアメリカに、一九三〇年代、欧州に覇権を確立したナチスと、イタリアン・ファシズムの毒牙を避けたトスカニーニ、ワルターといった超の字のつく大指揮者、シェーンベルク、ヒンデミット、バルトーク、クライスラーなどの大作曲家、名演奏家が次々と渡来、終生の居を定める。

そして、このような著名人士の何十倍、何百倍という数の音楽家が、身の安全を求めてこの地に移り住んだのである。絶望と肉体の消滅以外、未来に選択肢のなかった当時のヨーロッパから、安全で希望に満ち溢れたアメリカ合衆国に逃げ込んで来た音楽家達は、各地のオーケストラに入り、教職に就く。沃野に何十種類という花の種が、いちどきに播《ま》かれた光景をご想像いただけば

ウラジミール・ホロヴィッツ

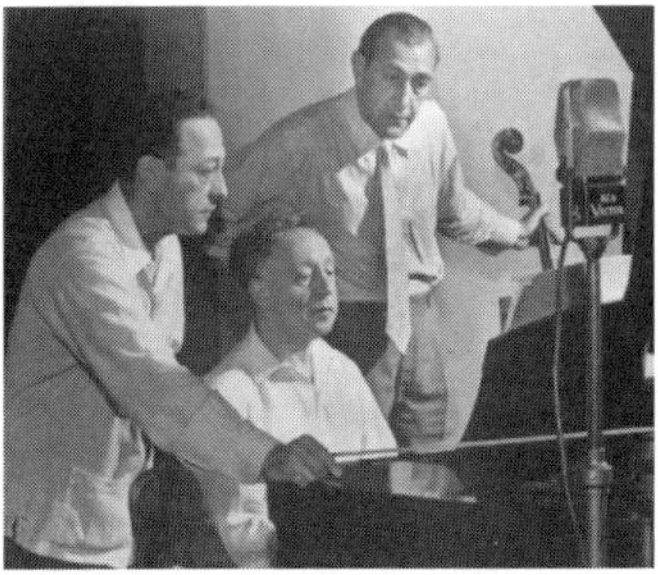

左からハイフェッツ、ルービンシュタイン、ピアティゴルスキー

いいかもしれない。

評論家の加藤周一氏は、外来の文化を積極的に受け容れ、独得の文化形成を行なって来たわが日本の姿を総括して「雑種文化」と名付けたが、この場合、歴史は二〇〇〇年の長きにわたり、影響の範囲は日本国内に限定されていた。

しかるに、ことクラシック音楽の世界について言えば、西欧・中欧・東欧から人間とともにアメリカ全土に雪崩《なだ》れこんだ音楽文化が、僅々数十年の間に壮大な国籍不明の音楽産業を作り出し、しかもその影響が世界規模で拡がったのである。これが第二次世界大戦前後、数十年の間に起こったクラシック音楽界の変貌、つまり偽らざる現実の姿である。止めようのない歴史の流れの中で、なるべくしてこうなったと言うほかないであろう。善悪・良否選択の問題ではなかった。

機械的な正確さと美音の追求

文化とは、本来、生まれ育った土地と切り離すことの出来ないもの、しかもその個性と内容が、人類が共通に持つ美感＝美に対する価値尺度に適《かな》うものでなくてはならない筈である。ブラームスやドビュッシーの音楽、川端康成やゲーテの小説を想起していただけば、直ちに理解していただけると思う。

更に、〝土地〟とか、〝国・民族〟という言葉には、物理的・生物学的要素以外に時間という要素が伴う。その場所に住み続けた幾世代もの人びとの肉体と心の中を流れ、そこに何かを残し、刻みつけた歳月の累積が、文化形成にとって掛け替えのない必要条件であることはいまさら言うまでもない。

しかるに、ことクラシック音楽という文化に関する限り、アメリカという国にはそれが決定的に欠落している。この国の音楽体験は、流入したアーティストの量と質については天地の差があるとはいえ、伝来後の歳月については、わが日本（一二〇年あまり）とさほどの有意差は認められないのである。

両国とも、西欧で生まれ、育《はぐく》まれてきたクラシック音楽という文化の領域において、世界に通用する独自の成果を上げ得ていない。価値尺度も持ち合わせていない。至極当然である。

あの小澤征爾が、ＮＨＫ・ＴＶでインタビュアーに向かって、「とにかく、日本に西洋音楽が伝わって来て、まだ一〇〇年と少ししか経っていないんだから……」と語っているくらいなのである。〝実績〟などなくて当たり前で、恥じ入る必要はまったくない。

だが問題は、日米両国が、クラシック音楽の市場《マーケット》として巨大であり、特にアメリカの市場と、それを背景《バック》にしたマネジメント業界、レコード業界、教育界の動向が、音楽家達の生活を左右しはじめたところから生じた。

「何事も金の力」という言葉は使いたくも、また認めたくもないが、現実問題として収入の多寡は芸術家であっても無視できない。コンサートの回数、録音・録画媒体の売れ行きは演奏家の家計を直撃する。楽壇内の地位《ステイタス》もそれによって決まる。

巨大市場の中で競争に勝ち抜き、いかにして世に出るか——登場すべき舞台がアメリカはニューヨーク、カーネギーホールに焦点が絞られはじめた頃から音楽家の演奏スタイルが変わって来た。機械的《メカニック》な正確さと磨き上げられた表面的な美しさ＝いわゆる美音の追求が、最も重視されるべき演奏家の課題《テーマ》となった。アメリカという風土には、残念ながら国際的規範《スタンダード》と自他共に認めうる美感、言い替えれば、音楽美を云々しうる独自の価値基準が未成熟である。

したがって、一八世紀のヨーロッパ貴族がお抱えやご贔屓《ひいき》の音楽家の新作の評価、つまり目利きの鋭さを知的娯楽の最たるものとして互いの鑑賞眼を競った——わが国でも安土桃山の昔、堺の商人や教養のある大名が茶の湯や連歌、美術に高度の理解力を競った——そのような精神文化に対する高邁《こうまい》かつ洒脱《しゃだつ》な姿勢を、あの国の住民に期待することはもともと出来ない相談である。


では彼等は、何をもって優れた音楽と然らざるものを区別するのか。

私見であるが、アメリカ流価値基準の第一は、物理学的な意味において、音符が正確に〈音〉として空間に再現されているか否か、という現象ないし事実に対する評価であると思う。世界的に広がり、いまやその数さえ定かでない各種コンクールの盛行がこの傾向に拍車をかけている。

私自身、何度か音楽コンクールなるものの審査員を経験してみて実感したことであるが、出場者の順位づけに最も能率的かつ安易な審査方法は、犯されたミスの数を数えて減点してゆくことである。特に第一次とか第二次とかの予選で、演奏者の数が多いときは大いに知的労力の節約になる。当該審査員に必要とされる能力は楽曲の譜面＝印刷された音符の列に関する知識と、実際に演奏された〈音〉との差異を識別する聴力に限られるからである。

最近の審査は、審査員一人ひとりに持ち点（例えば二五点）が与えられ、その数字を上限に減点方式で出場者の演奏を評価する方式が多い。実際にやってみるとそれなりに合理的で、採点もしやすいのであるが、この方式だと、どうしてもキチンと無難に弾いた演奏に高得点が集中しがちになる。少しぐらい演奏に疵《きず》があっても、個性的で面白い、将来が期待できる、といった若者がコンクールで上位に入賞する可能性は低くならざるをえない。

フルトヴェングラーの警告

フルトヴェングラーは、すでに、大恐慌発生の年である一九二九年に、『指揮の諸問題』という論文において、次のような警告を発していた。

〔芸術における技術的なものの意義は、以前、非合理的な風潮（例えば、過度のロマン主義）が世を支配していた時代には過小評価されがちであったが、今日ではむしろ過大評価されてしまっている〕

〔その結果、指揮法を一定の型にはめるという（合理的思考に基づく技術偏重の）概念が、われわれ指揮者の世界の中に生まれて来たのである。これは音楽にとって、まことに好ましくない風潮である。トスカニーニやワルターのような真物《ほんもの》の指揮者が、こんな型にはまった指揮をしていないことは、大いに注目されていいだろう。彼等はどんなオーケストラに対しても、直ちに自分自身の音を刻印することができる。しかし、(一見合理的な)型にはまった振り方しかできない指揮者のもとでは、どのオーケストラも同じ音を発するに過ぎない」(『遺稿《フエアメヒトニス》』八七頁より意訳。括弧内の追加文、傍点・中野)

「音楽の内容を表現する伝達手段であるはずの演奏技術が、自己目的化しつつある」という事実の指摘であるが、まさに炯眼《けいがん》である。更に、技術偏重の風潮が演奏技巧《テクニック》修得のマニュアル化を招来し、結果がコンサートの画一化につながるという、巨匠七〇年前の予見には、ただただ感服のほかはない。

しかし、フルトヴェングラーの慨嘆を余所目《よそめ》に、事態は一直線に彼の憂慮した方向に進んで行く。一〇年後、彼は再びこんな言葉を発しなければならなくなる。

〔欠点がないということ、即ち完璧であるということが、芸術作品の価値を決定するのではありません。このように考えるのは、(感受性の欠落した)生まれながらの批判屋か、俗物だけであります。問題にすべきは内容表現の力と大きさなのです〕

〔ウィーン・フィルハーモニーのようなタイプのオーケストラと正反対の、まさに対照的存在として、かの国際的〝名人《ヴィルトウオーソ》オーケストラ〟があります。それは特に新大陸においてここ数十年の間に生まれたものですが、メンバーは世界のあらゆる国の出身者によって、厳しい選抜を経て

フルトヴェングラーが、アメリカのオーケストラの音の造り方に対して、厳しい警告を発したのは1929年。その後もますますアメリカ化の動きが強まっていった

構成されているのです。このオーケストラにおいては、木管奏者の大部分がフランスの流派、弦楽セクションの主力がボヘミアとオーストリアの出、金管楽器のほとんどがドイツ人というふうになっています。巨額の報酬を条件に世界各地から選《え》りすぐられ、集められた第一級の奏者達によって、特に技術的制御《コントロール》という面において最高度の訓練を受けたアンサンブルが結成されているわけです。……少なくとも次のことは言えるでしょう。即ち、『アメリカのオーケストラが究極的には金、それも巨額の金によって（得られた音楽を、聴き手に）提供しているのに対して、ウィーン・フィルハーモニー管弦楽団はいまここで見られるように、およそお金では得られない、金額の多寡などでは償《つぐな》いえないい何物かを提供している』と」

前者はブルックナーを主題《テーマ》とした一九三九年の講演。したがって論述は、ブルックナーの作曲技法についてなされたものであるが、演奏という行為に当てはめても、そのまま通用する至言だと思う。後者はレムベックの弦楽器調達事件で苦《にが》い目を見た想い出を語った『ウィーン・フィルハーモニー管弦楽団――創立一〇〇周年記念公演』（一九四一年）からの一節である。いまの時点で読んでも、論旨に異和感を抱く読者はいないと思う。

独裁的指揮者の登場

ことオーケストラに限った問題ではないが、本書の性格上、なるべく焦点をこの分野《ジャンル》に絞って議論を進める。

フルトヴェングラーが世を去ったのは一九五四年であるが、その二〇年後、七五年頃を境に、アメリカのオーケストラの音楽の質が更に変わって来た。

変化の質について柴田南雄が、「組合《ユニオン》の結成が原因だと思う」と、生前語ったことがあった。

フルトヴェングラーがいみじくも喝破したように、アメリカの有名《メジャー》オーケストラは、金の力で世界中から精鋭を選りすぐった混成名人楽団である。資金力がありあまって、身近に良質の音楽家の供給源を持たない国なら、こうするより仕方がない。

混成民族の集団であるが故に、そこにはオーケストラ自体の意志、オーケストラが持つ性格というものがない。そもそも持てる筈がない。楽団内部では、当初、日常会話すら通じなかったのではなかろうか。

レオポルド・ストコフスキー

だから、この名人集団に「何か」を語らせるに当たっては、鉄の意志を持ち、抜群の指揮テクニックと統率力を兼ね具《そな》えた独裁者が必要であった。新大陸で画期的な業績を上げ、雷名を轟かせた指揮者の大半は、ヒトラー、ムッソリーニ、スターリンもかくやと思われんばかりの強面《こわもて》の人物ばかりであった。

その典型的な例がトスカニーニ。次いでストコフスキー。あとに続くのがセル、ライナー、オーマンディ、ショルティといった面々である。特にセル、ライナーあたりが猛威を振るった一九六〇〜七〇年頃までは、常任指揮者に絶対的な人事権があり、生殺与奪の権限＝楽員即時解雇の権限まで行使できるのが普通であった。セルがクリーヴランド管弦楽団を引き継いで半年、気がついてみたら団員の三分の二が入れ替わっていたなどという恐怖政治を聞いても、驚く者は少なかったのである。

反対に、オーケストラのメンバーを独立した音楽家として扱い、彼等の自発性を引き出す音楽造りを試みた温厚なヨーロッパ型指揮者の多くは失脚し、短期間でこの国を去った。バルビローリ、クーベリック、マルティノンなどが好例で、皮肉なことに彼等は母国や旧大陸内では成功を収め、名を成している。

練習時間も、いまのように厳しく制限されてはいなかった。時間制限など、あってなきが如し。文句を言えば即刻馘《くび》などという時代が、長いこと続いていたのである。

とすれば、対抗手段は組合《ユニオン》の結成以外にない。

巨匠トスカニーニが老齢を理由に引退を宣言したとたん、オーナーのＮＢＣ放送局は、当時、技術レヴェルで世界最高とされていたＮＢＣ交響楽団を解散してしまった。有無を言わせぬ、即日解雇というに近い仕打ちであった。

超一流の名人達が路頭に迷い、職探しに奔走する（彼等はシンフォニー・オブ・ジ・エアという自主組織を作って延命を図った。来日してわが国の愛好家を驚倒させたこともあったが、いつの間にかその名を聞かなくなってしまった）。こんな悲惨な事態を避けるためにも、オーケストラ組合《ユニオン》の結成は急務であった。

指揮者の解釈と意志

組合の結成後、楽員の人権は守られることになったが、当初考えてもみなかった大きな問題が発生する。

リハーサルの時間が減り、融通が利かなくなってしまったのである（時間を超過すれば、楽団員にそれなりの報酬を支払わなければならなくなる）。当然、短時間で、要領よく、音楽の外形を仕上げることのできる器用な指揮者がもて囃《はや》される風潮が生まれる。不器用だけれど、時間をかければ——などという大器晩成型の指揮者が世に出る機会《チャンス》は著しく減少した。

その昔、オットー・ニコライがベートーヴェンの《第九交響曲》の再演に当たり、一三回のリハーサルを行なったなどという伝説は、オーケストラ活動が未成熟な時代の、単なる「お話」としてしか通用しなくなってしまったのである。

「しかし」と、柴田南雄がわれわれ後輩に語ったことがある。

「いま、アメリカのオーケストラで、本当のベートーヴェンを演奏できる団体があるか。感動まではさせてくれなくともよい。少なくとも面白い、説得力のあるベートーヴェンやシューベルト、ブラームスの交響曲を私達に聴かせてくれるオーケストラがあるか――」

「オケも上手《うま》くなって、少ないリハーサルで完璧な演奏ができるようになっているんだそうですよ」と、われわれが話し出したとたんの雷であった。彼は、私が青春時代に所属していた学生オーケストラの大先輩でもあった。

「リハーサルというのは、音を合わせ、形を整えるためにやるんじゃない。指揮者の解釈、指揮者の意志をオーケストラのメンバー全員に納得させ、彼等の気持ちを揃えるためにやるものなんだ。伝統のないあの国で、あんな短い時間で、それができると思っているのか」。「昔のことを想い出してごらん。トスカニーニ＝NBCとか、クーセヴィツキー＝ボストンとか、ストコフスキー＝フィラデルフィアだって、それぞれが説得力のある、独自の、それなりのドイツ古典の交響曲演奏ができた。ドイツ的だとか、ウィーンの香りがするなんてお世辞にも言えなかったけれど、音楽自体に言葉があったし、内容があった。それが面白かった。いまはそれがない。組合《ユニオン》の締め付けと音楽家の権益意識、それが練習時間の減少になり、内容空疎化の原因になっていると思う。それがいちばん顕著に現われるのはドイツ古典です。内容で勝負する曲を、彼等は弾けなくなってしまった」

アメリカの病

柴田南雄の卓説を想い出しながら、私にはもうひとつ気がついたことがある。

柴田が「面白くなくなった」と慨歎した一九七〇年代、トスカニーニ、ワルター、クーセヴィツキー、ストコフスキーなどの巨匠のあとを引き継ぎ、楽員の怨嗟《えんさ》の眼差しをものともせずに辣腕《らつわん》を振るっていたセル、ライナーといった根っからのヨーロッパ育ちの名指揮者が、相次いでこの世を去ってしまったのである。

更にミュンシュ、モントゥーなどの大物は、生まれ故郷のヨーロッパに活動の拠点を移して行く。そのうえ、前述のような経緯でナチス・ドイツの魔手を逃れ、スターリンの粛清の目をかい潜《くぐ》って新世界に渡って来た、ヨーロッパ育ちの楽員達の多くも、引退するかあるいは幽明界《さかい》を異《こと》にしてしまったのである。

たとえ金にあかせて集められた人物であっても、亡命楽士であっても、民族・国籍の違い以上に、ヨーロッパに生まれ、そこで育ち、教育を受けたという事実の持つ意味は大きい。「ドイツ的でなくても、トスカニーニやストコフスキーのベートーヴェンは面白い。聴かせるじゃないか」という言葉は、その具体的な、しかも切実な証言だったのである。

そんな人達がいなくなった。リハーサルの時間も少なくなった。器用な指揮者と、腕だけは立つ楽員が増えた。それがアメリカ・オーケストラ界の現状である。

はっきり申し上げて、アメリカがそうであってもわれわれは困らない。いやなら聴かなければいいだけの話である。

ただ問題は、この外形整然、内容空疎という〝アメリカの病〟が、グローバル化の美名のもと、全世界に拡がりつつあるところにある。

それがワルターの工夫

ウィーン・フィルとは格別の間柄にあったブルーノ・ワルターには、このオーケストラとの蜜月と惜別の歳月を物語る何点かの録音が遺されている。一九三四年のスタジオ録音（SPレコード）から五六年のザルツブルク・ライヴまで、いわゆる正規盤・海賊盤を含めていったい何枚あるのか、演奏に優劣はあるのか、詳しい事情を語る資格は私にはない（ワルターと書簡の遣《や》り取りまでした専門家、宇野功芳氏のような碩学が評論界にはおられる）。

遺された何点かの録音の中で、その宇野氏が特に愛着の想いを隠さない一曲がモーツァルトの《交響曲第四〇番》。「宿命のト短調」と言われ、「疾走するかなしみ」などと評される何曲かのト短調作品の中でも、最後の、そしておそらくは最高の傑作である。

そして私の知るだけでも四点ある録音の中で、宇野氏がよく話題として取り上げるのが五二年のウィーン・ライヴ。会場は楽友協会《ムジークフェライン》大ホールである。

〈譜例〉モーツァルト《交響曲第40番》第1楽章の冒頭のワルターの指示による運指法（すべてA線で弾く）。運指4のところでE線に移る弾き方が多い

1—4の運指でポルタメントがつく

この録音がわが国で発売されたとき、確かまだLPの時代だったと記憶するが、有名な第一楽章第一主題のD《デー》とB《ベー》の間で、ウィーン・フィルの第一ヴァイオリン群がポルタメント奏法を披露していることが愛好家の話題を喚《よ》んだ（譜例参照）。

ポルタメントとは、ある音から次の音に移るとき、跳躍的にではなく、音を滑らせてなめらかに入れる技法である。声楽と弦楽器、それに管楽器ではトロンボーンなどで使われることがあり、二〇世紀初頭まではロマン的情感の表出を目的によく用いられていたが、新即物主義の風が吹きはじめた三〇年代から急激に使用頻度が減った。

オーケストラの演奏では、その昔、巨匠メンゲルベルクが手兵アムステルダム（現ロイヤル）・コンセルトヘボー管弦楽団自慢の弦楽器群に、盛大かつ頻繁なポルタメントの指示を出していたが、楽譜に作曲者の指示があればともかく、第二次大戦後のコンサートで、弦楽器群が一斉に譜面に書かれていないポルタメントを弾いたという話は、ワルターのこの演奏を除いて、耳にした憶えがない。

大方《おおかた》の批評家や愛好家の受け取り方は、「老ワルターの、ロマン的懐旧の情の発露」といったところであったように記憶している。

ワルターはこのとき七五歳。一回一回のコンサートが、「永遠《とわ》の別れかも……」と、胸に迫まる想いを秘めて行なわれていた時期であった。「ワルターだから許される。もし他の指揮者が同じことをやったら」という類いの批評文を読んだ記憶もある。

「それがあのときのワルターの工夫だったんだよ」

ヴィルヘルム・ヒューブナーが、懐しそうな声色《こわいろ》と表情で教えてくれた歴史的コンサートの裏話である。

弦楽器奏者にとって、指使い《フィンガリング》は音楽造りそのものである。「弾きやすい」とか「弾きにくい」とかいう演奏技術上の問題よりも、まず、「フレーズをどう区切るか。それをどう弾いたら作曲者の楽想を正しく表現できるか」という課題に結論を出さなければならない。その表現技術のひとつが指使いの工夫なのである。指使いの工夫は音楽内容を聴き手に正しく伝えるためになされるべきものであって、演奏を楽にしたり、外面的な効果を上げるためになされるものではない。

そのことで念を押した私に、ヒューブナーは、

「あのポルタメントは、フレーズの持つ性格を考え抜き、三小節目のB《ベー》をE《エー》線2の指（中指）でとるとフレーズ内の音色統一が保ちにくいという見地から、主題《テーマ》の旋律の音色の統一を究極まで追い詰めていった挙げ句の巨匠《マエストロ》の結論だ。D《デー》―B《ベー》をA《アー》線一本で弾くと、ポジションの間が広くなって、手が小さい人だと音が途切れる。それを繋ぐためには、ポルタメント奏法が有効な手段

なんだ。

だが、あの二つの音をポルタメントでつないだことによって、あくまでも結果的にだが、楽想に変化が生じた。君達が『懐旧の情』とかいう言葉で表現している感情を、弾き手も感じている。聴き手の感傷《センチメント》を誘発したということも、大いにありうることだと思う」

と、語ってくれたのである。そして付け加えた。

「ワルターがどんな音楽造りを試みようと、それはすべて伝統に根差した、正統な考え方に基づくものだった。安っぽい感傷的効果を狙った異端の手法などでは断じてない」と。

どのようなときにも、伝統に根差した音楽造りをしたブルーノ・ワルター

何にも語らない音

夜更け、著名なヴァイオリニストから電話がかかってきた。

「テレビの〝N響アワー〟観たか」という。

「否」と答えると、凄まじい剣幕で受話器の向こう側からまくしたてた。

「あれがいまどきの、一流といわれるヴァイオリニストのやることかねえ。弾く方も弾く方だが、あんなの、招《よ》ぶ方もどうかしてるんじゃないの！」

放映された曲はベートーヴェンの名作、《ヴァイオリン協奏曲ニ長調》である。作品番号は六一。作曲者が三六歳のときに書かれたものであるが、この時期、ベートーヴェンの創作力・創作意欲は絶頂期にあり（《交響曲第四番》、《ピアノ協奏曲第四番》、三曲の《ラズモフスキー弦楽四重奏曲》などがこの年の作品）、曲はこの分野の頂点に位《くらい》するものとなった。

N響と協演したのは中国系アメリカ国籍のヴァイオリニスト。名教師としてその名も高いドロシー・ディレイ門下の俊秀である。

「指使《フィンガリング》いがひどいんだ。言いたいことはヤマほどあるんだけど、例えば、第三楽章のアタマ（譜例1）。第一主題は完璧に一つの楽句《フレーズ》だよな。ぼくはヨーロッパで何人もの大家から教わったけど、全員がG《ゲー》線一本で弾けって言ってた（譜例2）。一つのフレーズは音色を統一しろっていうのは、彼等の常識なんだ。フレーズっていうのは単語みたいなものなんだから。ところがあの男、全部ファースト・ポジションで弾いてた。楽だよな、あれなら。お前でも弾けるだろ」

「より正確に弾ける。楽だとも思う」という言葉が私の口から出たとたん、件《くだん》のヴァイオリニストの怒りが爆発した。

ベートーヴェン《ヴァイオリン協奏曲》第3楽章第1主題

譜例1　アメリカ式？　安全運指法（G線とD線にまたがる）

譜例2　正統的な運指法（G線1本で弾く）

「何てことを言うんだ。G線一本でもミスなく、いつでも正確に弾く――そのために死ぬ想いでさらう。それがプロの音楽家というものじゃないのか。とにかく楽に、ただ音符を機械的に音に移し変えるだけで済むのなら、ぼくはさらわない。さらわなくっても完璧に弾けるんだよ。ファースト・ポジションならね。誰にでも」

私には、テレビに映っていたというそのアメリカのヴァイオリニストを庇《かば》うつもりはなかった。「そんな理由づけもできるだろう」と言ったまでである。それが友人の怒りを倍加する結果を招いてしまった。

「それで肝腎の音楽はどうだったの。全曲を通しての感想はどうなの」。私の質問に、彼から醒めた声で答えが返って来た。

「良く弾けてましたよ。曲のスミズミまでね。目立つようなミスはない。パガニーニやサラサーテとちがって、曲がそもそも名人芸《ヴィルトウオジティー》を要求していないんだから。その上、音楽上の要求を無視して安全第一の指使いをすれば、破綻の生ずる惧れは一切ないな。だから音符は、すべて完璧に音になってた。ただし無機質な、何にも語らない音だった。整然と、綺麗に弾けているんだから、お客様は安心して、感心しながら聴いていられたんじゃないかな。結構拍手も多かったようだし。でも、家に着く頃には全部忘れてしまう。ベートーヴェンの音楽の、どの部分も記憶に残らない。ひと月とは言わない。翌週には、コンサートがあったっていう、事実そのものすら脳裏から消えてなくなってしまう。そんな演奏でしたよ。彼のベートーヴェンは。

いまのアメリカって、あれで通るんだね。あのやり方がマニュアル化されて、合理的で進歩的な新しい奏法として教育界で公認されてしまっている。子供に小さいうちから仕込めば、促成栽培みたいに早く上手《うま》くなる。コンクールにも通りやすい。そうすりゃ金になるってわけだ」

演奏会場の異常心理

そんな効率至上主義の手法が、音楽の世界でも幅を利かすようになった。

前にも書いたように、アメリカには、もともとが輸入芸術であるクラシック音楽に対して、独自の美意識、評価基準が出来上がっていない。物指しは美的尺度ではなく、「正確か、否か」という物理的判断基準のみ。

それが私の偏見でないことは、おそらくはヴァイオリン界最高の名人と言っていいあのヤッシャ・ハイフェッツが全盛時代に発したという次の言葉を読めば、納得していただけると思う。

「ステージで、私はよく心が凍りつくような想いを味わう。客席のすべての眼と耳が、私の犯すかもしれないミスを聴き逃《のが》すまいと張りつめ、視線と聴覚が舞台で演奏している私に集中している。あの人たちは、いったい何を見、何を聴くためにコンサート会場に来ているんだろう」

「まあ、あのハイフェッツだから」という観客側の弁解《エクスキューズ》も成り立たないことはないが、やはり私は異常心理だと思う。最近のアメリカ楽壇の動きを見ていると、基本は何十年たっても変わっていないような気がしてならない。

特に新体操の演技を見ているような中国系、韓国系の少年少女。他人よりも速く、音の粒を揃えて弾くこと――それだけが至上命題であるかのような演奏家が最近増えた。識者によると、指が速く動く子供が見つかると、関係者の間で発せられる第一声は、「何歳だ？」という質問なのだそうである。幼いほど売りやすい。商品は、市場《マーケット》の水準《レヴェル》に合わせて供給されるものである。

真の天才とはどういうものであるか――体験したければハイフェッツ一七歳のＲＣＡ初録音、メニューインが一四歳のときに録《い》れたブルッフ《ヴァイオリン協奏曲第一番》の復刻ＣＤを聴いてみればわかる。真物《ほんもの》の凄さが判ると同時に、こと音楽の世界においては、世の中がまったく進歩していないことを痛感させられる筈である。

この章の冒頭に登場したＮ響コンサートマスターの篠崎史紀は、「昔と今とを比べると、頂点《トップ》と底辺《ボトム》がいなくなった。中間地帯は質もよくなり、量も増えた」、と会食の席上感想を洩らしていたが、現場からの発言として、傾聴に値する言葉だと思う。

何年か前、柴田南雄が、評論の中で、ヴァイオリニストのイツァーク・パールマンを評して、「彼は非常に優れた伝達技術の持ち主なんだけど、問題は、それで何を伝達するのかということだ」という、痛烈な一言を放っていた。

伝達技術が自己目的化し、それをもて囃《はや》す風潮はたしかに昔からあった。ヨーロッパも例外ではなかった。しかし多くは一過性のものであり、世間一般の価値基準になる危険性はなかった。

だが「これからは危い」と、私は思っている。

音にどんな意味を持たせるか

「粒立ちを揃えて、ひたすら完璧に弾く——それって、結構快感なんですよね」

音大に入るか入らないかの年齢で日本音楽コンクールを制覇し、海外のメジャー・コンクールでも好成績を残した有名ピアニストと人気ヴァイオリニストが、別のとき別の場所で、同じことを言った。

二人とも、本場のヨーロッパで盛名を馳せている人達である。

「演奏技術は日進月歩で進歩している。昔の名人・巨匠より、いまの若手演奏家の方がずっと巧いんです」という趣旨の解説をFM放送で語った売れっ子の音楽評論家と、どこかの新聞インタビューで記者相手に話した中堅ピアニストの台詞《せりふ》に私が疑問を抱いて、「一流奏者として、あなたはこの言葉をどう判断されますか」と訊ねたとき、まず返って来た回答の前半部分であった。彼も彼女も笑いながらであった。

二人は私の質問に対して、まず、「ご質問の意味がよく判りません。今の人の方が巧いって――何故なんですか」と、問い返した。そして、「弓や指が正確に動いて、音の粒が綺麗に揃うとか、和音がバランスよく透明に鳴るとか、弦の場合音程《ピッチ》が常時均一で安定しているとか、そんなことを理由に挙げていました」という私の説明に、待っていましたとばかり冒頭の言葉が続いたのである。

「でもね、ラフマニノフとかホロヴィッツ、ルービンシュタインやベネデッティ＝ミケランジェリなどといった往年の名人達は、音の粒を揃えるとか、均一に弾くなどということに興味がなかっただけの話なんじゃないかしら。そんなこと、やろうと思えば、彼等はいつでもやれた。例えば、ミケランジェリが録音しているラヴェルの《ピアノ協奏曲》第三楽章の下降音階《スケール》――。それよりも、あの人たちが目指したのは、紡ぎ出す一つひとつの音の粒にどれだけの想い＝つまり情報量をこめられるかってことだったんだと思う。それと一つひとつの音の間にあるつながりに、どんな意味を持たせられるかということ――。

それが音楽を演奏することの意味だと、私は思っているんだけれど、まあ世の中にはいろんな考え方があってもいいのかもしれませんね。演奏会でスポーティな快感を味わうのも、音楽の楽しみ方のひとつだと思うし、弾く方も『やった！』みたいな気持ちを味わうことがあるから」

ショルティとの戦い

ソロのコンサートにおけるこんな風潮がアンサンブルの世界に持ち込まれると、「一糸乱れず」という標準《スタンダード》が、思想も前提もなしにステージや録音の世界を支配するようになる。シカゴ響の人気指揮者ショルティがウィーン・フィルに、それこそ一糸乱れぬ出だし《アインザッツ》を要求して猛反発を喰った。

「ウィーン・フィルの醸し出す柔かく美しい響きは、オーケストラが自発的に造り出した〝ウィーンの響き〟だ。それは各楽器間の微妙なズレから生まれる。それを一分《いちぶ》の隙もなく揃えたら、ウィーン・フィルがウィーン・フィルではなくなる」

それがオーケストラ側の言い分であった。ショルティは「とにかく揃えろ。揃わないということはミットモナイということだ」と頑張った。

美感の相違である。ショルティの強硬な主張に業《ごう》を煮やした第一ヴァイオリンの何人かがリハーサルの途中で席を立ち、帰ってしまった。「指揮者忌避《ボイコット》」である。

ショルティは『自伝』の中で、「ウィーンでいちばん好きな道は、街なかから空港に向かう道である」と述懐している。

ウィーン・フィルの楽団員から猛反発を受けたゲオルク・ショルティ

この人は日本にもウィーン・フィルと複数回来ているし、録音も多い。しかし、「すべてレコード会社との専属契約から生じた結果で、われわれが自主的に彼を指揮者に選任し、コンサートを催したことはほとんどないよ」（アルフレッド・プリンツ）というのがコトの真相のようである。協演したCDの数などでは、本当の親密度は推し量れない。注意が肝要である。

怖いのは、ショルティのように機械的《メカニック》に揃った演奏だけに美を感じて、微妙なズレがもたらす脹《ふく》よかな響きに対する〝感性〟をわれわれが喪失してしまうことである。

行き着く先は画一化と、文化の衰亡である。

耳の肥えたわが国の聴衆からよく耳にする言葉の中に、「外来、特にヨーロッパから来日するオーケストラの音が、何故あのように美しく、しかも魅力的であるのか」という感想がある。

ベルリン・フィルハーモニー管弦楽団のようなメジャー・オーケストラならいざ知らず、他の国、特に東欧圏のオーケストラの楽団員が使用している楽器は必ずしも銘器ではない。特に差の甚だしい弦楽器など、わが国一流オーケストラの奏者とチェコやハンガリー、ロシアなどの演奏家の持っている楽器の価格差は完全に一桁、もしかしたら二桁であるかもしれない。

ところが、チェコのオーケストラもルーマニアのオーケストラも、「いざ合奏」ということになると実に良い音を出す。厚味と奥行きがあり、民族・国籍によって異なるが、とにかく何かを感じさせるような響きを出す。

だから、「何かが違うんだよね」と、協演した指揮者や、独奏者、歌手などが口を揃える。

もともとヨーロッパのオーケストラであり、特に自国の作品などを弾く場合、音楽の語り口が自然で抵抗がないのは当然として、さまざまな楽器が混じりあったとたんに、音色、つまりオーケストラの響き自体が物を言い出す。だから指揮者やソリストもそれに乗せられて、いつもとは違った音楽をやってしまう。

「コンサートが終わったあとの充実感がちがいます」と、彼等は口を揃えて言う。

アメリカとか、残念ながら日本のオーケストラには、このような、協演者に与える充実感が乏しい。美感の差であり、文化の差である。

音と響き

「彼等の見事な音造りの根本にあるのは、音楽と自分自身に対する絶対的な自信です」と、ウィーン・フィルを評した言葉がある。

出典は記憶にない。会話の中に出てきた言葉かもしれない。常用のメモ用紙の一枚に、鉛筆で横書きにされた一文を前に、私はこのオーケストラの秘密を語るのに、これ以上適切な言葉はないかもしれないと思いながら、本書の締め括りを書いている。

〝音と響き〟を主題にこのオーケストラのことを考えはじめたのであるが、〝音〟とは奏者個別の、〝響き〟とは楽員が集合体として産み出したものと仮りに定義して、人間の集まりであるオーケストラが音楽を奏でるとは如何なる行為であるか――考察を進めてみたい。

音楽を奏でる〝響き〟は、もともと存在しているもの（being）ではなく、造り出すもの、生成するもの（becoming）である。当たり前のことであるが、そこには人間の意志がはたらく。ヨーロッパの歴史ある団体が音楽を演奏するとき、個々の楽員にその曲についての想いを訊ねると、自分のパートだけでなく、曲全体について極めて明確なイメージを持っていることに驚く。

それは産湯《うぶゆ》を使ったときに耳から入ったモーツァルトかもしれないし、青春の日に教師から叩きこまれたベートーヴェンかもしれない。はたまた、巨匠の指揮棒のもとで同僚とともに無我夢中で弾いたブルックナーかもしれない（ロイヤル・コンセルトヘボー管弦楽団の第一ヴァイオリン奏者・岩田恵子と栗田智子から、「八〇歳を超えるマエストロ、クルト・ザンデルリンクの指揮でブルックナーを経験してからというもの、他の指揮者と同じ曲をやると、心のどこかで、『違う。ここはこんな響きじゃないよ！』と叫びながら弓を動かしている自分に気がつくんですよ」と告白されたことがある）。

原点がいずこにせよ、彼等は指揮棒のもとで音楽を奏するとき、響きの創出に自発的に関わる。調和《ハーモニー》とは、意志を持った個々人の出した音を、より高い次元で響きとして一体化する、一種の弁証法的行為であると、ヨーロッパの一流楽人は考えている。

自分たちの音楽を守る

さきにオッテンザマーの言葉を引用して説明したように、ウィーン・フィル楽団員の資格は、「音楽性、人格」に加えて「協調性」——つまり「俺達と同じ音楽観のもとで、一緒にやっていけるか」という奏者の資質が絶対的な必要条件である。

「滅私奉公」でもなければ、「異議は話し合いで」というアメリカ方式でもない。

「同じ」という言葉の裏には「共感」があり、しかも「積極的参加」という、芸術家としての個性尊重が前提としてある。だから、協調性で異和感を抱いた楽団員は、入団後、比較的短期間でウィーン・フィルに別れを告げるということになる（入団して、コンサートマスターに就任後、日ならずしてウィーン・フィルを去った現アルバン・ベルク弦楽四重奏団のリーダー、ギュンター・ピヒラーは、典型的《ティピカル》な実例と言える）。そうでなかったら、ウィーン・フィルは〝自分達の音楽〟を守れない。

「自分達の音楽を守る」という信念の具体的な顕われのひとつが、つい先頃まで続いていた〝悪名高き〟女人禁制の内規である。

正確に言えば、「別に明文化されているわけではない。応募は自由。いままで適格者がいなかっただけの話だ」（シュトレング）、「われわれはまだ、女性に助けてもらうほど困ってはおらんよ」（ヒューブナー）ということなのだそうである。

だが、「女性の入団によって、最も大切にしている人間的な協調性に罅《ひび》が入る惧れがある。それが音楽を変えることにでもなったら元も子もない。別に女性を蔑視しているわけではない。ぼくは女の子は大好きだよ（笑）」（ヒューブナー）というあたりが、彼等の本音ではないかと私は思う。わが国にも、男性と女性の筋肉の質の違いを理由に、「女性が入団したら、ウィーン・フィルの音が変わると思う」という意見がある（佐藤康則氏）。

ちなみに、ヒューブナーがこの意見を述べたのは、女性クラリネット奏者ザビーネ・マイヤーの入団をめぐって、カラヤンとベルリン・フィルが確執を生じていた時期であった。

ウィーン・フィルの女人禁制は彼等の文化だと思う。大相撲の土俵や名門ゴルフ倶楽部の内規と同じく、精神文化の問題であって、人権などとは無縁の事柄である。二〇世紀も終わりに近づいた頃、彼等が宗旨替えを已むなくされたこと、それがアメリカの女性団体の執拗な抗議に端を発しているらしいことを知って愕然とした。「コンサートのボイコット運動を行なう」と言ったとかいう話も耳にしたが論外である。嫌なら自分が行かなければいいだけの話ではないか。

古楽器奏法は流行《ファッション》

「変化」とか「進歩」とかいう言葉には陥し穴がある。ひとは、しばしば、それを善と思い込み、失なわれた価値について想いを致さない。

アメリカ型の合理主義、画一化に対して厳しい言葉を連ねてきたが、いまクラシック音楽の演奏スタイルに大きな影響を及ぼしつつある古楽器奏法について、コンサートマスターのライナー・キュッヒルは、「あれは流行《ファッション》ですから」という言い方で軽く受け流した。

アーノンクールが口火を切り、ガーディナー、ノリントンといったイギリス指揮界の古楽器派が国立歌劇場やフィルハーモニー・コンサートに登場した。作曲者は、存命中に耳にしていた音と響きをイメージしながら曲を書いた筈である。その時代の楽器を復刻製作し、奏法を研究したら新しい響きを発見した。「それこそが、作曲家本人が求めていた音と響きだ。だから当方が正統《オーセンティック》である」とこの人たちは言う。

昔の楽器、仮りに弦楽器を例にとれば、ヴァイオリンには顎当ても肩当てのブリッジもなかった。だから楽器は左手の親指と人差し指の間で挟まなければ安定しなかった。当然、ヴィヴラートはかけにくい。チェロも床に突き刺すエンド・ピンが発明されていなかったから、奏者は両膝で挟んで弾いた。ヴィヴラートをかければ楽器が動く。だから奏法はノン・ヴィヴラート。響きは薄く、透明度が高い。和音の力感は不足するが、曲の構造はよく見えるようになる。

たっぷりとヴィヴラートを利かせ、豊かな響きで聴き手を魅了した伝統的な演奏法は、「ロマン派の手垢《てあか》のついた」などという言い方で批判されるようになった。

「楽器と奏法を手掛りに響きの源流《ルーツ》を探したら真実に辿り着いた。これがオリジナルで、しかも新鮮な音楽造りなのだ」

と、信者達は声高に叫ぶ。画一的な風潮と、古楽器に発想の原点を置く演奏哲学――ロマン派の最盛期に創設され、響きの豊かさと漂う気品、精神性の高さを、時代を超えた伝統として維持し続けて来たウィーン・フィルに、変貌を迫る時代の波がいま押し寄せている。

「このような風潮を、頭から否定しようとは思いません。時代のリーダーとやらと、一度お手合わせしてみようではないか。もし彼等の音楽に、私達を納得させる何かがあれば、それを私達の伝統に採り入れることには何の躊躇《ちゅうちょ》もありませんよ」

これがキュッヒルが、「流行《ファッション》ですから」と素気なく言い放った言葉の裏に潜《ひそ》む真意だと私は思っている。

変化が美徳だとされている世の中で、「変えない」ためには異常な努力が必要である。丸山眞男は「真正の保守主義とは過激《ラディカル》なものである」という名言を遺した（拙著『丸山眞男 音楽の対話』文春新書）。しかも旧套《きゅうとう》を墨守し、旧き佳き昔の響きの再現のみに終われば、いかなる名門オーケストラといえども、存在はただの骨董的価値に了《おわ》る。守るべき文化は守り抜き、しかも演奏は常に現代の聴き手を納得させる質の高いものでなくてはならない。

昔を尋ねて、新しい響きを発見したと言っても、それだけでベートーヴェンやブラームスの作品の真髄を把握したことになるのか。見つけたのはただの表現手段、それも一部だけではないのか。大切なのは、一つひとつの音、一つひとつの響きにこめられた音楽的情報の量と質でなければならない筈だ。

古きヨーロッパの残り香

ウィーン・フィルの凄さは、響きにこめられる音楽情報の量と質を、楽団員の一人ひとりが誰の指示を受けるわけでもない、自らの意志と美感で造り上げてしまうところにある。

だから、いったん指揮者の解釈に共感すれば、一〇〇人の楽員が彼とともに積極的に音楽造りに参加する。その結果、誰かの言葉として有名な、「予測と期待を超えた名演がステージ上に生まれます。指揮者冥利に尽きるとはこのことです」という名演が現出する。

指揮者の指示に従い、一糸乱れぬ演奏を——という他国のオーケストラとは完全に一線を劃す、異質の世界だと私は思う。というより、「これが文化というものだ」と、声を大にして叫びたい。

「ユーリ・テミルカーノフは素晴らしい指揮者ですよ」と、その指揮棒《タクト》を経験した藤原浜雄（読売日本交響楽団首席《ソロ》コンサートマスター）が教えてくれた。ＮＨＫ交響楽団の篠崎史紀の口からは、「サンクトペテルブルク」というオーケストラの名が挙がった。テミルカーノフはサンクトペテルブルク交響楽団の常任指揮者（かの有名な鋼鉄の巨人・ムラヴィンスキーの後継者）である。両者の組み合わせをコンサート会場で耳にし、CDで繰り返し聴き、「ああ、あの街にも真物《ほんもの》の文化が残っていた」と感銘を新たにした。

ウィーンとサンクトペテルブルク——この二つの街の共通点は、爛熟した王朝＝知的水準の高い貴族制社会の首都であったということ。街自体は近代社会への適応力がなくなり、骨董品となり果てていることである。街の隅々にまでハプスブルク家とロマノフ王朝の栄光の残影が刻まれているが、街にはもはや発展の可能性がない。時流から取り残されて、いわば巨大な〝田舎〟になり果てている。

ユーリ・テミルカーノフ

ブラームスは一九世紀の後半、ウィーンを終《つい》の棲《す》み家《か》と定めたとき、「私は田舎にしか住まない」と語った。とすると、一八四二年、ウィーン・フィル発足の頃からウィーンはこのような街だったのであろうか。ドイツ語圏における政治経済の主導権は、いつの間にか、プロイセンの首都ベルリンに移りつつあったのである。

シカゴ交響楽団を〝三大田舎オーケストラ〟のひとつに数え入れた篠崎史紀の感性には驚いた。納得である。純アメリカ種で、田舎の名門を挙げるとしたら、それはボストンでも、ニューヨークでもないだろう。この二つのオーケストラにはヨーロッパの残り香が漂っていたり、グローバルな匂いが強すぎるというイメージがある。しかもこのシカゴ響は、母国の専門家・愛好家による人気投票で、常に第一位の地位《ステイタス》を維持し続けているのである。

ウィーン・フィルの響きは残るか

本拠地たる街の発展が停滞したから伝統文化が遺った。それがウィーン・フィルなのである。街が改革の波に洗われたとしたら、ウィーン・フィルこんにちの姿はなかった。だから「守らなければならない」のである。パリにせよ、ベルリンにせよ、グローバル化の洗礼を受けたらオーケストラは個性を維持できない。

イタリア人のシャイーが常任のポストに坐って一〇年、「一〇〇年近くの歳月をかけて築き上げて来た私達コンセルトヘボー管弦楽団の響きが変わった。ブラームス、マーラー、ブルックナーを弾かせたら当代無双、ベルリン・フィル、ウィーン・フィルといえども顔色なしと言われた、〝コンセルトヘボーの響き〟は永遠に失なわれた。もう戻らない」とは、かつて常任指揮者を務めたベルナルド・ハイティンクの歎きの声である。

「理由のひとつは、コントラバス奏者の運弓がドイツ式からフランス式に変わったことだ」と、現地で活躍しているヴァイオリン製作者・岩田立《りつ》氏は言う。フランス式は弾きやすく、旋律を唱わせるのには適するが、音に底力がなくなる。響きのピラミッドの底辺が消えた。

歌唱性に優れた新しいオーケストラの素晴らしさを否定するつもりはないが、人類の宝であるバッハ、ベートーヴェンを頂点に戴くドイツの古典音楽を、一点一画おろそかにせず、音符一つひとつに魂と意味をこめて私達に贈り届けてくれる団体が次々と姿を消す現実に、私は耐え難い想いがする。行き着く先がクラシック音楽の衰退という現実以外にはありえないからである。

日本ではクラシック音楽の専用ホールが次々と建ち、コンサートの数は増え続けているが、チケットの売り上げ好調という話を、最近、耳にする機会が著しく減った。CDの新譜、TV・FMのクラシック番組は確実に減り続けている。レコード会社のクラシック部門は縮小に次ぐ縮小で、アメリカ系のメジャー・レーベルはことごとくクラシック・レコード部門を店仕舞いした。

理由は簡単。演奏の質が均一化して無内容となり、面白くなくなったからである。

面白ければお客は去らない。感動に対して人間は金を惜しまない。単純な原理である。

もしウィーン・フィルが画一化の波に呑み込まれるような事態に立ち至ったら、それは確実にクラシック音楽という輝かしい伝統文化の弔鐘を意味する出来事になるであろう。二〇〇一年に創立一六〇周年を祝ったこのオーケストラは、人類文化の一角の興廃を占う象徴的意味を担っているのである。

あとがきにかえて

ウィーン・フィルに関する文献を挙げ出したらキリがない。「いまさら何を」という思いもしたが、ささやかながら〝現場〟に身を置いている者の実体験ならということで原稿用紙に向かった（私はパソコンでは文章が書けない！）。文中で実名を挙げた方、挙げなかった方、関係の方々にご協力を深謝します。特に『フルトヴェングラーかカラヤンか』（音楽之友社）の著者で、元ベルリン・フィルハーモニー管弦楽団の名ティンパニー奏者ヴェルナー・テーリヒェン教授と日本語版翻訳者の高辻知義氏には、著作に使用された写真の転載について一方ならぬご高配をいただき、二〇〇二年現在九〇歳で未だ矍鑠《かくしゃく》たるフルトヴェングラー未亡人、エリザベートさんからは巨匠《マエストロ》の肖像使用に関する許諾をいただくなど、格別のご配慮を賜りました。また、作曲家・矢内和三昭和音大教授には楽理のご教示をいただき、文春新書の東眞史氏、出石詩織氏からは企画と内容につき一方ならぬご助言を頂戴しました。併せて御礼を申し上げます。なお、文中一部で敬称を略させていただきました。

ない記録だと思うので。初出のタイトルは《ウィーンのモーツァルト》。現行盤のタイトルは《ウィーン室内合奏団／モーツァルト曲集》(3枚組)。音質が改善されているのが嬉しい。(発売アート・ユニオン)

ウィーン弦楽四重奏団

N響の“顔”で、ウィーンの事情に精通している篠崎史紀に言わせると、「ボスコフスキーの衣鉢を継ぎ、良い意味でも悪い意味でも、いちばん“ウィーン的”なのは、コンサートマスターのウェルナー・ヒンクです」ということになるらしい。左手薬指を怪我して、縫いあとから糸を垂らしながら大曲・ブルックナー《第8》のコンマスを務めあげたこともあるという豪傑である。楽屋の入口で、「指使いが大変なんだ！」と高笑いしていたそうである（弟子の戸部知子談)。シューベルトの《死と乙女》がお薦め。遠山慶子（Pf）との《ピアノ四重奏曲集》も素晴らしい。共に井阪紘の名企画である。(発売カメラータ)

管楽器奏者の名盤から

ウエストミンスターに遺されたウラッハのモーツァルトとブラームスの《クラリネット五重奏曲》は必聴。協演はウィーン・コンツェルトハウスQ。彼の死と愛弟子プリンツの引退によって、「高雅、気品、憂愁」と評されたウィーン伝統のクラリネットの音は絶えた。現役ではオッテンザマーのブラームス《クラリネット・ソナタ集》が逸品であり、本人の自信作でもある（ヴラダー Pf)。この人、伝統は大切にしているが、大先輩へのコンプレックスはない。新しい“ウィーンの星”のひとり。本格的なウィンナー・オーボエを味わいたかったらカメシュのモーツァルト《オーボエ四重奏曲》がある。モーツァルト本人の自信作《ピアノと管弦のための五重奏曲》には、ウィーン八重奏団メンバーとパンホーファーの溜め息の出そうな録音がある。グルダと管楽グループのも近代的名演。

室内楽の名盤から

バリリ弦楽四重奏団

モーツァルト、ベートーヴェンの弦楽四重奏曲は歴史的名演揃い。本文中にふれたブラームス、F. シュミットもお薦め。ピアノのデムスといわれたシューマンはレコード界の至宝。管楽器を伴なったベートーヴェン《七重奏曲》も絶品。

ウィーン・コンツェルトハウス弦楽四重奏団

ハイドンの《五度》、シューベルトの《死と乙女》、《ます》(バドゥーラ・スコダ Pf) は永遠の名盤だと思う。

ボスコフスキーの室内楽

"幻"と言われた《ます》(パンホーファー Pf) は、定評あるコンツェルトハウス盤以上なのではないか。ピアノもいいが、ボスコフスキーのヴァイオリンが聴きもの (ウィーン八重奏団)。《死と乙女》は第2楽章をまず聴く。シャイバインのチェロの巧いこと! (ウィーン・フィルハーモニー Q)。ピアノのカーゾンと協演したドヴォルザークの《ピアノ五重奏曲》は知られざる逸品である (ウィーン八重奏団)。

ヴェラー弦楽四重奏団

本文中に痛恨の想いで、その解散を惜しむ一節を書き入れた。ハイドンからブラームスまで、「これぞ現代のウィーン」と称すべき名演揃いである。復刻 CD すべてお薦めである。

ウィーン室内合奏団

自分のプロデュースした CD について記すのは少々気恥しいが、ヴェラー (Vn)、ヘッツェル (Vn)、プリンツ (Cl)、トリップ (Fl) といった名人達の至芸を味わうには聴き逃せ

協奏曲から何枚か

ブラームス：ピアノ協奏曲第 2 番変ロ長調 Op. 83〈67〉
バックハウス（Pf）、ベーム（Cond）

定盤中の定盤。ウィンナー・ホルンとベーゼンドルファー、絶妙の組合わせ。

モーツァルト：フルートとハープのための協奏曲ハ長調 K. 297、クラリネット協奏曲イ長調 K. 622〈62〉トリップ（Fl）、イェリネック（Hp）、プリンツ（Cl）、ミュンヒンガー（Cond）

優雅にして気品あり。哀愁ただようが、センチメンタルではない。これがウィーン。

モーツァルト：ピアノ協奏曲第 27 番変ロ長調 K. 595〈55〉〈56〉バックハウス（Pf）、ベーム（Cond）

往年の名盤ばかりになって申し訳ないが、「ウィーン・フィルならでは」という CD に最近お目にかかれないので仕方がない。56 年盤はザルツブルク・ライヴ。併録されているバックハウスの独奏《ソロ》が絶品である。

ラヴェル：ピアノ協奏曲ト長調〈71〉
バーンスタイン（Pf. cond）

前掲の《150 周年記念アルバム》にも選ばれている弾き振りの名演（？）。フランス的な香りがあまりしない。ラヴェルはトスカニーニの振った《ボレロ》を聴いて楽屋を訪れ、「以後、演奏しないでいただきたい！」と毒づいたというが、この演奏を聴いたら何と言っただろう。だが、このライヴをフルトヴェングラーのブラームス《第 2》や、クナのシューベルト《グレート》と一緒にアルバムに納めた選者の気持ちは痛いほど解る。音楽が躍動している。彼のウィーン・フィル初登場《デビュー》のライヴ録音だと思う。

にかく“役者”がいない。唯一の例外はこの人だが、何故かステージ再現の報らせは届かない。キュッヒルが「彼はクルクルパーですから」と日本語で言って苦笑いしたことがあった。音楽は素晴らしいが、相当の変人であるらしい。

ベートーヴェン：交響曲第5番ハ短調 Op. 67〈74〉

ベートーヴェン：交響曲第7番イ長調 Op. 92〈76〉

シューベルト：交響曲第8番ロ短調「未完成」〈78〉

このところ彼の新譜がない。残念である。

その他、思いつくままに　記念盤なども

ウィーン・フィル創立150周年記念アルバム〈29～90〉

特に関わりの深かった名指揮者とのライヴ録音を12枚のアルバムにまとめたもの。本文中に書いたように、オーケストラからみた「指揮者の品定め」と考えていいのではないか。R. シュトラウス、フルトヴェングラー（2枚組）、クナッパーツブッシュ、ワルター、シューリヒト、C. クラウス（2枚組）、クレンペラー、カラヤン、ベーム、バーンスタインという顔触れである。発売は1991年。国内盤のタイトルは《ウィーン・フィル栄光の歴史》。内容が少し異なる。

ウィーン楽友協会《ムジークフエライン》建設125周年記念コンサート（ベートーヴェン：交響曲第5番他）

1995年1月6日のライヴ。指揮者はムーティ。1960年代から、ムーティはウィーン・フィル楽員の間で最も評価の高い若手指揮者であった。そのことを裏付ける、記念碑的名演である。現地で買い求めたが、国内でも入手可能であろうか。

その他、マニアックな録音としては、ケルテスとコンドラシンの《新世界》、マルティノンの《悲愴》が聴きものである。特にケルテスはウィーン・フィルと相性がよく、ブラームス《交響曲全集》、シューベルト《未完成》などの名演を遺した。

バルビローリ（1899〜1970）

ブラームス：交響曲第3番ヘ長調 Op. 90〈67〉
ブラームス：交響曲第4番ホ短調 Op. 98〈67〉

チェリスト出身で、弦楽器群の扱いには定評があった。全楽章がピアニッシモで終わる《第3番》の暗鬱な曲想の説得力。号泣するような《第4番》のウィーン・フィルの弦……。

カラヤン（1908〜1989）

ブルックナー：交響曲第7番ホ長調 WAB. 107〈89〉
ブルックナー：交響曲第8番ハ短調 WAB. 108〈88〉

賛否両論ありと思うが、20世紀末オーケストラ美学の終着点として。《第7》はカラヤンのラスト・レコーディング。

ボスコフスキー（1909〜1991）

ニューイヤー・コンサート　1975
ニューイヤー・コンサート　1979

シュトラウス・ファミリーのワルツ・ポルカ集（スタジオ録音）も良いが、やはりライヴの躍動感にはかなわない。音の粒、一つひとつに命が宿っている。

モーツァルト：セレナードとディヴェルティメント集〈68, 76, 78〉

われわれのイメージする“ウィーン風”とは、こういう演奏のことであった。《ハフナー・セレナード》も最高。

クライバー（1930〜）

ニューイヤー・コンサート　1989（CD・LD・DVD）
ニューイヤー・コンサート　1992（CD・LD・DVD）

ボスコフスキー弾き振りの時代が終わって、ニューイヤー・コンサートはウィーン市民の愉しみから世界的な祭典に変貌した。TV放映もされ、それなりに豪華になったが、と

〈73〉

ベームがどのような指揮者であったか。この3枚は名演だし、レコード史に遺ると思う。

ミトロプーロス（1896〜1960）

ベートーヴェン：交響曲第2番ニ長調 Op. 36〈58〉

1950年代後半、ウィーン・フィルがもっとも頼りにしていた人。フレーズの解釈と処理を巡って楽団と丁々発止のやりとりがあったらしいが、名演である。ザルツブルク・ライヴ。

マーラー：交響曲第8番変ホ長調「千人の交響曲」〈60〉

リハーサルの折り、響きのコントロールがうまくゆかず、ミトロプーロスが絶望のあまり指揮台からくずおれ、啜り泣いたといういわく付きのザルツブルク・ライヴ。当時の楽団長シュトラッサーは「本番は最高だった」と、自画自讃している。

以上2枚は、ORFEOの輸入盤。

セル（1897〜1970）

ベートーヴェン：劇音楽《エグモント》Op. 84〈69〉

レコードで味わうウィーン・フィル最高の名演。特に〈序曲〉が凄い。録音された1957年頃、英デッカは「音像＝音楽の視覚化」をテーマに画期的な録音方式を開発、市場を席捲した。ショルティの《指輪》はその成果のひとつである。弦楽セクションの驚異的合奏能力。ウィーン風管楽器の音色と名人芸。加うるにセルの掛け声まで録音されている。オーディオ・メーカー時代、機器の再生能力テスト用にと、輸入盤LPを10枚以上購入した記憶がある。

ザルツブルク・ライヴ　1969

《エグモント序曲》、《第5》、《ピアノ協奏曲第3番》。独奏者はギレリス。白熱のベートーヴェンである。ORFEO輸入盤。

音は仏 TAHRA 盤がお薦め。52 年のスタジオ録音は整然たる名演である。ウラニア盤は半音高い（ホ長調！）珍盤。

ベートーヴェン：交響曲第 7 番イ長調 Op. 92〈50〉

モノラル LP の初期「レコード界 No. 1 の名盤」と称えられた。

ベートーヴェン：「レオノーレ」序曲第 3 番 Op. 72a〈44〉

ブラームス：交響曲第 2 番ニ長調 Op. 73〈45〉

第 2 次大戦末期のライヴ。「レオノーレ」は本文中にもふれた凄演。ブラームスは戦時中最後の演奏会の記録。ブラームスでは《第 1》〈52〉もライヴであるが、録音が良くお薦め。なお、ベートーヴェンの《第 9》は 51 年のバイロイト盤がベストであるが、ウィーン・フィルとの協演では 53 年のライヴが素晴らしい。

クナッパーツブッシュ（1888〜1965）

モーツァルト：セレナード第 13 番ト長調 K. 525「アイネ・クライネ・ナハトムジーク」〈40〉

天下の珍盤。怒るか、快哉を叫ぶかは聴き手の感性と度量次第。TAHRA 輸入盤。

ワーグナー：名演集〈56〜59〉

英デッカで録音した《ジークフリート葬送行進曲》など。輸入盤（音になぜかコクがある）で聴くと身震いがします。

ワーグナー：楽劇ワルキューレ第 1 幕〈57〉

とにかく最高のワーグナー。偉大な演奏家の時代は過去の物語となった。全曲録《い》れてほしかった。

ベーム（1894〜1981）

モーツァルト：交響曲第 40 番ト短調 K. 550、第 41 番ハ長調 K. 551「ジュピター」〈76〉

ベートーヴェン：交響曲第 6 番ヘ長調 Op. 68「田園」〈71〉

ブルックナー：交響曲第 4 番変ホ長調「ロマンティック」

私の好きなウィーン・フィルと ウィーン・フィル室内楽の名盤

挙げだしたらキリがないのですが、定評ある名盤に加えて、「もしかしたら気がついておられない方もあるのでは」と思われるような、少々マニアックなCDもご紹介しました。

交響曲・管弦楽曲から思いつくままに

ワインガルトナー（1863〜1942）

ベートーヴェン：交響曲第8番ヘ長調 Op. 93〈36〉

ベートーヴェン：交響曲第9番ニ短調 Op. 125「合唱」〈35〉

SP復刻盤。録音の質を云々しなければ《第8》はベスト盤の筆頭格。《第9》はバリトンのマイヤーが古今随一の出来。

ワルター（1876〜1962）

モーツァルト：交響曲第40番ト短調 K. 550〈52〉

本文中でも取り上げた歴史的ライブ録音。「ベスト」とは言わないが、ウィーン・フィル愛好家なら必携の名盤。

マーラー：大地の歌〈52〉

ウィーン・フィルは、かつてマーラーを敬遠していたが、マーラーの愛弟子ワルターの指揮にはよく従った。

《ブルーノ・ワルターの芸術1（ウィーン・フィル篇）〈アイネ・クライネ〉〈田園〉〈未完成〉など》〈35〜39, 49〉

少々マニアックではあるが、懐しき名演揃い。

フルトヴェングラー（1886〜1954）

ベートーヴェン：交響曲第3番変ホ長調 Op. 55「英雄」〈44〉〈52〉

44年盤は米ウラニアの海賊盤で有名になった放送録音。

中野　雄（なかの　たけし）

1931年、長野県松本市生まれ。東京大学法学部卒業。日本開発銀行（現・日本政策投資銀行）を経てオーディオ・メーカーのケンウッド役員に就任、レコード事業・音響機器生産等を担当した。現在、音楽プロデューサーとして内外で活躍する傍ら、映像企業アマナ等の役員も務めている。LP・CDの制作で「ウィーン・モーツァルト協会賞」、「文化庁芸術作品賞」など受賞多数。著書に『丸山眞男　音楽の対話』『モーツァルト　天才の秘密』（文春新書）など。

文春新書

279

ウィーン・フィル　音《おと》と響《ひび》きの秘密《ひみつ》

平成14年10月20日　第1刷発行
平成19年10月15日　第10刷発行

著　者　中野　雄
発行者　細井秀雄
発行所　株式会社　文藝春秋

〒102-8008　東京都千代田区紀尾井町3-23
電話（03）3265-1211（代表）

印刷所　理想社
付物印刷　大日本印刷
製本所　矢嶋製本

定価はカバーに表示してあります。
万一、落丁・乱丁の場合は小社製作部宛お送り下さい。
送料小社負担でお取替え致します。

ISBN4-16-660279-9

◆サイエンス

日本の宇宙開発　中野不二男
日中宇宙戦争　中野不二男・五代富文
ES細胞　大朏博善
遺伝子組換え食品　川口啓明・菊地昌子
DNAの時代 期待と不安　大石道夫
人間は遺伝か環境か？ 遺伝的プログラム論　日髙敏隆
生命《いのち》科学に言葉はあるか　最相葉月
〝放射能〟は怖いのか　佐藤満彦
ロボット21世紀　瀬名秀明
「原発」革命　古川和男
科学鑑定　石山昱夫
ナノテクノロジーの「夢」と「いま」　森谷正規

＊

ネアンデルタールと現代人　河合信和
ヒトはなぜ、夢を見るのか　北浜邦夫
海洋危険生物　小林照幸
蝶を育てるアリ　矢島 稔
もう牛を食べても安心か　福岡伸一
天文学者の虫眼鏡　池内 了
私のエネルギー論　池内 了
法医解剖　勾坂 馨
ヒト型脳とハト型脳　渡辺 茂
花の男 シーボルト　大場秀章

◆教える・育てる

幼児教育と脳　澤口俊之
非行を叱る　野代仁子
現代人のための脳鍛錬　川島隆太
大人に役立つ算数　小宮山博仁
塾の力　小宮山博仁
予備校が教育を救う　丹羽健夫
不登校の解法　団 士郎
私たちも不登校だった　江川紹子
授業の出前、いらんかね。　山本純士
子どもをいじめるな　梶山寿子
子どもが壊れる家　草薙厚子
こんな子どもが親を殺す　片田珠美
父親のすすめ　日垣 隆
論争 教育とは何か　中曾根康弘・西部邁・松井孝典・松本健一
江戸の子育て　中江和恵
母親に向かない人の子育て術　川口マーン惠美

◆アートの世界

丸山眞男 音楽の対話　中野 雄
ウィーン・フィル 音と響きの秘密　中野 雄
モーツァルト 天才の秘密　中野 雄
エルヴィス・プレスリー　東 理夫
ブロードウェイ・ミュージカル　井上一馬
クラシックCDの名盤　宇野功芳・中野雄・福島章恭
クラシックCDの名盤 演奏家篇　宇野功芳・中野雄・福島章恭
ジャズCDの名盤　悠雅彦・稲岡邦弥・福島哲雄
「はやり歌」の考古学　倉田喜弘
「演歌」のススメ　藍川由美
「唱歌」という奇跡 十二の物語　安田 寛
Jポップの心象風景　烏賀陽弘道

＊

脳内イメージと映像　吉田直哉
近代絵画の暗号　若林直樹
個人美術館への旅　大竹昭子

春信の春、江戸の春　早川聞多
菊五郎の色気　長谷部 浩
能の女たち　杉本苑子
バレエの宇宙　佐々木涼子
文楽の女たち　大谷晃一
京都 舞妓と芸妓の奥座敷　相原恭子
大和 千年の路　榊 莫山
三遊亭圓朝の明治　矢野誠一
落語名人会 夢の勢揃い　京須偕充
今夜も落語で眠りたい　中野 翠
宝塚 百年の夢　植田紳爾
劇団四季と浅利慶太　松崎哲久
外国映画 ぼくの500本　双葉十三郎
外国映画ハラハラドキドキ ぼくの500本　双葉十三郎
日本映画 ぼくの300本　双葉十三郎
愛をめぐる洋画 ぼくの500本　双葉十三郎
スクリーンの中の戦争　坂本多加雄
美のジャポニスム　三井秀樹

聖母マリア伝承　中丸 明
ヴェネーツィアと芸術家たち　山下史路
現代筆跡学序論　魚住和晃
天皇の書　小松茂美
気づきの写真術　石井正彦
散歩写真のすすめ　樋口 聡

(2007.8) F

文春新書9月の新刊

21世紀研究会編
法律の世界地図
シンガポールでは、自分の家の木でも切ってはいけない!? 法律から見えるその国の意外な姿。勉強にも海外旅行のお供にも使えます
589

井上 薫
裁判所が道徳を破壊する
「試験秀才」的で非常識な、独りよがりな「正義感」の裁判官たちが、「法」「正義」の名の下に、いかに「道徳」を破壊してきたか
590

青野慶久
ちょいデキ!
「こんな私でもなんとかやってます」IT企業サイボウズ社長が簡単仕事術を伝授。難しいビジネス書と一線を画す若いサラリーマン応援の書
591

四方田《よもた》犬彦
人間を守る読書
古典からサブカルチャーまで約百五十五冊の書物を紹介。「決して情報に還元されることのない思考」のすばらしさを読者に提案する
592

双葉十三郎
ミュージカル洋画 ぼくの500本
「ウエスト・サイド物語」「マイ・フェア・レディ」「巴里祭」「アニーよ銃をとれ」「イースター・パレード」……名曲が心に残る傑作の数々
593

文藝春秋刊